BÖHMISCHE SPURENSUCHE
und
BAYERISCHER NEUANFANG

Wappen der Grafen Deym

Diese Aufzeichnungen sind meinen böhmischen Verwandten gewidmet, die ihre Heimat geliebt, für sie gelebt, ihr gedient und um sie gelitten haben.

Leopold Graf Deym

Leopold Graf Deym
Freiherr von Střítež

BÖHMISCHE SPURENSUCHE
und
BAYERISCHER NEUANFANG

Ein Beitrag zur Geschichte der Grafen von Deym, Freiherrn von Střítež in Böhmen und zum bayerisch-böhmischen Brückenschlag

Dieses Werk ist urheberrechtlich geschützt. Jede Verwertung außerhalb der engen Grenzen des Urheberrechtsgesetzes ohne Zustimmung des Autors bzw. des Verlags ist strafbar. Das gilt insbesondere für Vervielfältigungen, Übersetzungen und für digitale Erfassung per Scan und Verarbeitung in elektronischen Systemen. Die e-Book Fassung dieses Buches steht dem Lesezweck zur Verfügung. Für diese ist eine Vervielfältigung, Erstellung von Kopien oder die Verwendung in Auszügen für andere Zwecke ebenso untersagt

Bibliografische Information der Deutschen Nationalbibliothek:
Die Deutsche Nationalbibliothek verzeichnet diese Publikation in der Deutschen Nationalbibliografie; detaillierte bibliografische Daten sind im Internet über http://dnb.dnb.de abrufbar.

© 2015 Leopold Graf Deym

Textinhalt und Anordnung: **Leopold Graf Deym, München**
Weitere Bilder : **Leopold Graf Deym, München**
Bilder der Besitzungen : **Nives Gräfin von Soden-Frauenhofen**
Lektorat und Gestaltung: **Susanne Möhring, Sonndorf**

Herstellung und Verlag: BoD – Books on Demand, Norderstedt

ISBN: **978-3-7347-3288-1**

Inhaltsverzeichnis

Vorwort		Seite 1
1.	Anfänge und Zusammenfassung der Familiengeschichte in Böhmen	Seite 4
2.	Unser (Lebens) -Künstler „Josef Müller"	Seite 10
3.	Die Rolle der Familie Deym bei der Suche Böhmens nach einem Platz im stürmischen Europa von 1848/49	Seite 17
4.	Wie Josef Deym nach Bayern und Arnstorf kam	Seite 28
5.	Der Bruch der Familie Deym mit Böhmen, Mähren und Schlesein	Seite 34
6.	Der Versuch eines neuen Engagements, als Brückenbauer nach Südböhmen	Seite 46
7.	Überblick über die Besitzungen der Familie Deym in Böhmen und Mähren	Seite 55
8.	Skizze einer Familienstammtafel der Deyms in Böhmen und Mähren	Seite 75
Quellen, Literatur, Archive		Seite 77

Vorwort

Kde domov muj ?- wo ist meine Heimat ?- so beginnt der Text der tschechischen Nationalhymne. Er zeigt die Vaterlandsliebe der Tschechen, aber auch eine Suche mit etwas slawischer Melancholie. Mit einer Suche haben auch die nachfolgenden Kapitel zu tun, doch hier geht es um Spuren der Herkunft aus einem gefestigten Heimatgefühl heraus. Wahrscheinlich schwingt die Neugierde mit, ob man bei besserer Kenntnis und engerer Beziehung zu Land und Leuten nicht doch auch Heimatgefühle und eine Art Seelenverwandtschaft spürt. Mehr übereinander zu wissen, sich näherzukommen, ist über Verwandtschaft hinaus der Schlüssel zu gelingender Nachbarschaft, vielleicht auch schon das Erbe böhmischer Vorfahren, die sich politisch engagiert über Grenzen hinweg wagten.

Deutlich macht nachstehender Rückblick auch, wie mobil unter sehr viel schwierigeren Verhältnissen unsere Altvorderen waren. Ortswechsel und Verbindungen über weite Entfernungen waren an der Tagesordnung. Das brachte (Aus-)Wanderungen mit sich, die der Grund dafür sind, daß Vorfahren nicht nur in Böhmen, sondern auch in Frankreich, Österreich, Spanien, Italien, der Türkei und sonstwo zu finden sind. Damit wird verdeutlicht, dass der „Migrationshintergrund" vieler adeliger Familien die Regel und nicht die Ausnahme ist.

Die vorliegende Schrift soll auch anläßlich der 200 jährigen Heimat in Arnstorf (Niederbayern) den Blick auf 500 Jahre Vorgeschichte in Böhmen verstärken. Sie soll die Familie an verdienstvolle Vorfahren, aber auch an die Familienmitglieder erinnern, die unverschuldet ein weniger glückliches Schicksal hatten und ihre angestammte Heimat verlassen mußten. Auch soll sie dazu beitragen, durch einen Blick in die Vergangenheit, Gegenwart und Zukunft besser zu meistern, aus Geschichte zu lernen und Begrenzungen zu erweitern. Das heißt auch bayerisch- böhmische Geschichte weiterzuschreiben..

Nachfolgende Ausführungen wollen auch helfen, bei allen deutschen Lesern durch Informationen und Schilderungen, auch wenn diese selektiv sind, das Interesse für das Nachbarland, mit dem wir nicht nur die längste gemeinsame Grenze haben, sondern mit dem vor allem uns

Bayern Geschichte, Verwandtschaft und Kultur am meisten verbinden, zu steigern. Leider ist es nicht möglich, im Rahmen dieser Broschüre alle wissenswerten Daten über unsere Vorfahren oder gar die Tschechische Republik zu liefern. Aus den unglücklichen, ja katastrophalen Phasen der Geschichte sind immer noch Ressentiments geblieben, die stärkere Spuren hinterlassen als die lange Zeit glücklicher Gemeinsamkeit. An sie soll erinnert werden.

Deutlich muss gesagt sein, dass nachfolgende Kapitel einen Versuch darstellen, angelesenes, übermitteltes und erarbeitetes Wissen so gut als möglich weiterzugeben. Der Autor ist sich bewußt, dass viele Darstellungen wissenschaftlichen Ansprüchen nicht genügen. Ich will eher ein Lesebuch mit interessanter Lektüre als ein Standardwerk für die Archive zur Verfügung stellen. Über anspruchsvolle Leser, die mehr als ich wissen und meine Darstellungen ergänzen können, freue ich mich.

Ich wollte auch versuchen, auf tschechischer Seite an die Verdienste unserer Familie in vergangenen Zeiten zu erinnern und das Geschichtsbewußtsein mit diesem Beitrag neubeleben. Dafür ist insofern ein günstiger Zeitpunkt, als in Tschechien jetzt eine Bewegung einsetzt, sich mit Geschichte und Fehlern in der Vergangenheit auseinanderzusetzen und die Politik mit den Nachbarn auf eine neue Basis zu stellen.

Es entspräche meinen Anliegen, wenn Mitglieder anderer Familien über vergleichbare Recherchen sich mit der Vergangenheit und dem Leben ihrer Vorfahren in Nachbarländern auseinandersetzen würden und so einen Beitrag zur grenzüberschreitenden Gemeinsamkeit im Sinne eines zusammenwachsenden Europas leisten könnten. In aristokratischem Verständnis haben hier ehemals „böhmische" Familien eine besondere, integrative Aufgabe.

Erklärt muss noch werden, dass ich bevorzugt den Begriff „Böhmen" verwende, den es im Tschechischen nicht gibt, weil ich an der Klammer hänge, die Tschechen und Deutsche zusammenhielt. Mähren müßte an vielen Stellen mitgenannt werden.

Foto : Böhmerwald Nähe Vimperk

Abschließend soll den Freunden und Verwandten gedankt sein, die an diesem Werk hilfreich mitgewirkt haben, wie Nives Gräfin Soden, Ilona Gräfin Deym, Julie von Vopelius-Feldt, geb.Gräfin Deym, Johannes Graf Preysing, S.E. Herr Generalkonsul Josef Hlobil, Dr.Raimund Palecek, Astrid Gräfin Lamberg u.a.

Anfänge und Zusammenfassung der Familiengeschichte in Böhmen

Anfänge liegen oft im Dunkel, vor allem, weil deren Bedeutung und das Interesse daran erst im Nachhinein entstehen. Im Moment des Alltags wie auch im Lauf der Geschichte sind sie lebendige Ereignisse und Fakten, denen man noch keine historische Bedeutung beimessen kann, für die der Zusammenhang fehlt und deren Festhalten sowohl der Notwendigkeit als auch der Mittel meist entbehrt. Das gilt auch für die Zeit und den Ort des Ursprungs der Familie Deym. Meistens gibt die mündliche Überlieferung Anhaltspunkte, deren legendenhafter Charakter möglichst herausgefiltert werden muss.

Im vorliegenden Fall geht es fast nur um schriftliche Quellen, da die geographische und sprachliche Barriere große Distanz entstehen hat lassen. Eine vom tschechischen Hobby-Historiker und Deym-Spezialisten Paul Jaresch aus Cetoras berichtete Sage über den Ursprung der Familie lautet so: "Die Deym haben ihren Titel von einem tschechischen Fürsten bekommen. Die Legende besagt, daß ein Fürst in einem tiefen Wald den Weg verloren hat und nach stundenlangem Hin- und Her-Irren plötzlich aus einem Waldteil Rauch zum Himmel emporsteigen sah. Er ist in diese Richtung gegangen und dort war ein Köhler, der gerade Kohle brannte. Der Köhler hat den Fürsten eingeladen und hat ihm Erfrischungen angeboten. Nachdem sich der Fürst ausgeruht hatte, hat er sich mit dem Köhler unterhalten und hat ihn gefragt, warum so viele Gänse um seine Hütte sind. Er hat die Erklärung erhalten, dass Gänse nicht nur gut zum Verspeisen sind, sondern auch gute Wächter, sogar besser als Wachhunde. Der dankbare Fürst hat dann später den Köhler auf seine Burg eingeladen und als Zeichen der Dankbarkeit für seine Rettung ihm den Namen Dym, das bedeutet Rauch, gegeben und hat ihm die Gans in sein Wappen verliehen."[1]

---

[1] Paul Jaresch, Die Familie Deym in Vodice, 2009, übersetzt von Ilona Gräfin Deym

Laut Gotha XIX S.92 wird Ulricus dictus Dym 13 85 erstmals urkundlich als Sohn des Ritter Bohunko de Střítež erwähnt. Noch 1469 war Střítež im Besitz des Geschlechtes. Die Wandlung von Dym zu Deym mag Schreibfehler oder, wie so oft, Ungenauigkeit oder schleichende Mutation sein. Probleme tauchten bei der Aussprache in Deutschland auf. Die Tschechen sprechen den Namen Deym, mit hörbarem y, wie apostrophiertes i hinter dem e aus, während die Deutschen verständlicherweise e und y zu ei verschmelzen.

Verwirrend ist zunächst auch der in Böhmen häufig vorkommende Ortsname Střítež. Hier mag es die Erklärung geben, dass bei Ausbreitung einer Familie der Name der Stammburg mitgenommen wurde, oder, dass der Name eine Bedeutung hat, die zufällig öfter bemüht wird. Weiter ist interessant, dass bei Paul Jaresch ein deutscher Name für Střítež,-„Burkersdorf"- auftaucht. War Střítež im 13./14.Jahrhundert auch von Deutschen besiedelt? Wenn ja, dann kamen sie in dieser Gegend Südböhmens vermutlich aus Bayern. Nicht zuletzt durch das Wissen um die örtliche Geschichte in Böhmen haben Heimatforscher dort die Angaben im „Gotha", daß das „richtige" Střítež in der Bez.Hauptmannschaft Milevsko/Mühlhausen liegt, bestätigt. Damit erscheinen die bis dato dazu bestehenden Unsicherheiten ausgeräumt.

Paul Jaresch weiß von Unterlagen, nach denen die Deyms in Střítež Ackerland, Wald, Schafsstallungen und eine Schnapsbrennerei besaßen. Bei meinen ersten Besuchen 1998 dort traf ich Leute, die noch von einem Turm wußten, dessen Reste bis nach dem 2.Weltkrieg sichtbar waren.

Wie die Gans ins Wappen kam, ist -wie erwähnt- legendär. Meine eigene Version ist nicht weniger spekulativ, aber nicht ohne Auffälligkeit. Auf Tschechisch heißt die Gans „Husa". Sie war das Feldzeichen der Hussiten, deren Anführer Magister Jan Hus aus Husinec in Südböhmen, stammte. Von einer Verbindung von Familienmitgliedern, ohne dass es heraldische Verbindungen geben muß, ist auszugehen. Nachweislich waren Benes und Mrakes Deym (beide gest.1415) Anhänger von Hus, die zusammen mit 453 anderen Edelleuten eine Protestschrift an das Konstanzer Konzil bezüglich der Behandlung dort von Jan Hus geschickt haben.

Foto : Hussitenstadt Tabor heute

Ausgehend von Střítež breitet sich die Familie vornehmlich in Südböhmen - wie noch gezeigt werden wird -, aber auch in andere Landesteile, vor allem im 17./18.Jahrhundert, kräftig aus.
Ihren adeligen Stand und die Erhebung stellt Nives Gräfin Soden folgendermaßen dar:
"Ursprünglich Edelmänner (Wladyken). Zunächst 1534 bis 1664 unter den Rittern (Equites) genannt als „Deym z Stryteze", erfolgt am 20.10.1708 die Erhebung in den böhmischen Herrenstand und den Freiherrnstand als „Deym Freiherr von Střítež" und 1730 die Erhebung in den Grafenstand als „Deym Graf v. Střítež", beides für Ignaz Wenzel und alle Nachkommen beiderlei Geschlechtes"[2]. Die Immatrikulation in Bayern wird im 4.Kapitel dargestellt.

Die Familie Deym gehörte in Böhmen nicht zu den reichsten und bedeutendsten Geschlechtern. Aber sie fällt durch ihre besondere „Anteilnahme am Schicksal des ganzen Landes"[3] und bei den historischen Umstürzen, die das Land zahlreich trafen, immer wieder auf, nicht immer mit derselben Heftigkeit, selten einheitlich auf derselben Seite, aber regelmäßig. Nach der Schlacht am Weißen Berg (1620), bei der Teile der Familie auf der Seite der Stände und Protestanten kämpften, wurden einige Deyms des Landes verwiesen. Auch bei dem Versuch der „Zerschlagung der Habsburger Staatengemeinschaft 1741"[4] standen nicht alle Familienmitglieder loyal zu Wien. Ob uns das die Habsburger nachgetragen haben? In den frühen 50er Jahren des 20.Jahrhunderts kam „Kaiser" Otto von Habsburg zu einem Besuch in unser Kolleg nach St.Blasien. Im Habsburgersaal wurde ein Erinnerungsphoto mit Otto und allen Aristokraten des Internats gemacht. Wir Deymbrüder wurden dazu nicht eingeladen. Vielleicht aber war auch nur unsere bescheidene, ländliche Kleidung daran schuld.

---

[2] Nives Gräfin Soden, Spezialedition Deym von Střítež, 2003, S.5
[3] Helene Sebastyen, zitiert aus dem Deym-Buch 1987, Nr.1040 223.c, östr.Nat.bibl.
[4] Helene Sebastyen ebenda.

„Im 19.Jahrhundert sind die Deyms zu den Ideen des tschechischen Volkes zurückgekehrt, unterstützten nationale Institutionen, felsenstark standen sie für die Rechte des böhmischen Staates ein, aber gleichzeitig mitbegründeten sie die Grundlage des neuen Deutschen Reiches. Im Jahre 1918 trugen sie zur Gründung der Tschechischen Republik bei."[5]

So bot der in Opposition zu Wien stehende Friedrich Deym (1801-1853) „sein Palais in der Jindrisska Str. in Prag nach dem Umsturz dem Nationalen Ausschuß an, der auch anfänglich dort amtierte".[6]. Andere Familienmitglieder standen gleichzeitig in diplomatischen oder militärischen Diensten Wiens.

Foto : Prag, Karlsbrücke

---

[5] Helene Sebastyen ebenda.
[6] Helene Sebastyen ebenda.

Diese engagierte, aber auch wechselhafte Suche nach der besten Position und Selbstverwirklichung böhmischer Eigenart verbindet die Familie schicksalhaft mit dem Land. Letztlich war der Teil der Familie, die im Lande blieb und sich weiter um einen Ausgleich der widerstreitenden Kräfte kümmerte, Opfer ausländischer Übermacht. Böhmen mit seinem tschechischen und deutschen Kultur- und Bevölkerungsanteil gelang es nicht, von Österreich, Bayern, Preußen und Rußland und den Ostslaven umgeben, zu einem Bündnis ohne Abhängigkeit zu finden. Es konnte den Begehrlichkeiten seiner Nachbarn nicht Widerstand leisten und alle eigenen Kräfte mobilisieren. Hier gibt es für Geschichtsforschung, die in der Tschechischen Republik nun langsam beginnt unvoreingenommener zu arbeiten, noch viel Arbeit. Auch Familienforschung hat sicher noch so manche Überraschung und manchen Beitrag für die Landesgeschichte bereit.

Unser (Lebens-)Künstler "Joseph Müller"

So verdienstvoll das politische Engagement einiger Mitglieder der Familie Deym in Böhmen vor allem in den Jahren des Umbruchs in Europa 1848/49 werden sollte, eine der berühmtesten Gestalten dürfte wohl Joseph Graf Deym von Střítež durch seine künstlerischen Inszenierungen geblieben sein. Seine ausgefallenen Dar- und Vorstellungen, meist der Zeit einen Schritt voraus und dadurch mit dem Reiz der Sensation behaftet, sind vielfach beschrieben worden. Er liebte es, umgeben vom Odium des Geheimnisvollen, mit Sein und Schein zu jonglieren und die Sehnsüchte und Neugier der Zeitgenossen auszunutzen. Meiner Wiedergabe liegt die Diplomarbeit von Frau Gabriele Hartwagner aus Wien von 2008 zu Grunde. Sie hat den Titel: „Die Lust an der Illusion über den Reiz der Scheinkunstsammlung des Grafen Deym, der sich Müller nannte." Mit Bezug auf das Nachschlagwerk im „Wurzbach" dem biographischen Lexikon des Kaisertums, aus dem auch Weiß-Starkenfels seine Kurzbiographie bezogen hatte, schreibt sie über Joseph Graf Deym: "…eine der wohl abenteuerlichsten Persönlichkeiten der Wiener Gesellschaft des ausgehenden 18.Jahrhunderts".[7]

Joseph hatte die weiteren Vornamen Johannes Nepomuk, Franciskus de Paula. Zur Welt kam er auf dem Familiengut Vojnice (Wognitz) am 4.April 1752. Sein Vater war Bernhard Wenzel (1704-1758), der aus erster Ehe zwölf Kinder und in zweiter Ehe mit Maria Anna Malovec v.Malovic (1715-1769) sieben Kinder hatte.

Im Jahr 1799 heiratet Joseph Graf Deym Josephine Gräfin Brunsvik, die aus dem ländlichen Martonvasar in Ungarn stammte, wo die Familie ein Schloss und große Ländereien besaß. Joseph „entstammte einem alten böhmischen Rittergeschlecht. Die Mitglieder der Familie Deym von Střítež gehörten zwar dem böhmischen Herrenstand an, waren aber nicht vermögend und daher zur standesgemäßen

---

[7] Diplomarbeit Gabriele Hartwagner: "Die Lust an der Illusion über den Reiz der Scheinkunstsammlung

Lebensführung auf Dienste beim Landesherren angewiesen".[8] Die Schwiegermutter hielt hingegen Joseph für wohlhabend, was nachfolgend für einige Verstimmungen sorgte. Schwester Viktoria Gräfin von Goltz hatte den Besitz in Nemischl (1791) gekauft, stand in engem Kontakt mit Joseph und war 1800 Taufpatin des ersten Kindes, der Tochter Viktoria. "Nemischl verfügte über ein Schlößchen aus dem 17. Jahrhundert und einen sehr geschmackvollen englischen Garten"[9].

Foto : Kloster Klokoty nähe Tabor - Altar gestiftet von Viktoria Deym

Der Sohn Friedrich Joseph Franz Wenzel kam am 5.Mai 1801 zur Welt. Seine Patenschaft übernahm Graf Franz Friedrich Nostiz, der neben den Colloredos und Degenfelds zum engeren Freundeskreis gehörte. In Nußdorf kam am 16.Oktober 1802 das dritte Kind, Sohn Karl, zur Welt.

---

[8] ebd., S 127 des Grafen Deym, der sich Müller nannte" ,Wien 2008, S. 5
[9] ebd., S 44

Während Josephine das vierte Mal schwanger ist stirbt Joseph Deym am 27.Januar 1804 in Prag. 1810 heiratet Josephine den Erzieher ihrer Kinder, Baron Christoph von Stackelberg. Obwohl sie ihm nochmals drei Kinder schenkt, ist die Ehe unglücklich und das Paar trennt sich.1829 stirbt Josephine schließlich in Wien."Sie galt bei vielen Forschern als die „Unsterbliche Geliebte", an die Beethoven seinen berühmten Brief vom 6./.7.Juli 1812 geschrieben hatte."[10]

Nachdem Joseph Deym mit sechs Jahren seinen Vater verlor, wurde er nach Wien in die „k.k.Militärpflanzschule" gesteckt. Sie war 1752 von Maria-Theresia gegründet, mit Unterbringung, Unterricht und Verpflegung der Zugang zur Militärakademie. Ob Joseph diese absolvierte, ist nicht belegt. Zum 1.Februar 1770 jedenfalls trat er als Unterleutnant in das Curassierregiment in Sopron, Westungarn, ein. Unter etwas unklaren Umständen endet aber schon im November 1770 die militärische Laufbahn. Zunächst wird er krankheitshalber nach Prag beurlaubt. Als ihm eine Verlängerung abgeschlagen wird, wegen "Ausschweifungen und Schulden", quittiert er den Dienst. Laut Hartwagner läßt sich die in dieser Zeit angesiedelte Flucht nach einem angeblichen Duell, wie in der Literatur immer wieder berichtet, nicht durch Akten nachweisen, auch wenn die Entlassung auf eine gewisse Brisanz schließen läßt.

Das Gerücht, dass Joseph geflohen sei, als er den Kontrahenten zu Boden gehen sah und fälschlicherweise annahm, ihn erschossen zu haben, hält sich tapfer, auch die Version, dass er sich ab da und deswegen das Pseudonym Joseph Müller zugelegt habe.

Hartwagner schließt nicht aus, dass eine Verwechslung mit Josephs Onkel Johann Wilhelm Joseph vorliegt, der 1721 in einem Duell einen französisch-lothringischen Leutnant Czeyka tötete. Ob Mythos oder nicht, das Odium einer etwas abenteuerlichen Vergangenheit schwebte seitdem über Joseph Graf Deym, bzw. Joseph Müller. Im Jahr 1788 hält er sich in Galizien auf, wo er sich von der Schwarzenbergbank Geld leiht und auf vier (nicht bekannte) Güter eine Hypothek aufnimmt.

---

[10] ebd., S 56

Feststeht, daß das Ehepaar Deym 1802 über keinen Landbesitz verfügte. Vor der Rückkunft nach Wien sind Spuren von Joseph Müller in Holland zu finden, wo er von der Anfertigung von Wachsbildern lebt. In Paris preist er seine Nachbildung vom hingerichteten König Ludwig XVI an, den er Jahre vorher traf. 1790 erscheint Joseph Müller mit einer Werbung für seine Wachsfiguren in der „Wiener Zeitung". Die Wachsfiguren erfreuen sich auch bei Hofe so großer Beliebtheit, dass es zu größeren Aufträgen kommt. 1792 läßt Marie Therese, die zweite Gattin des Kaisers Franz II, die Familie in Wachs nachbilden und von Joseph Müller ihrer Mutter Maria Karoline an den Hof von Neapel bringen. Dieser Auftrag ist unter mehreren Gesichtspunkten ein Schlüsselereignis für Joseph Müller. Erstens bekommt er nach Überbringung der Figuren von Maria Karoline, Königin beider Sizilien, den Auftrag, im Gegenzug die Abbildungen aller Familienmitglieder nach Wien zu liefern.

Zweitens gelingt es ihm als Einzigem durch die Protegierung der Königsfamilie in Zusammenarbeit mit dem Bildhauer Posch in Rom, Florenz und Neapel Gußformen der berühmtesten antiken Statuen anzufertigen und Kunstgegenstände zu sammeln. Sie arbeiten fast ein halbes Jahr gemeinsam in Italien. Ihre Ausbeute besteht aus Negativformen von 46 Büsten und 34 Statuen, die sich in den verschiedenen Museen befanden. Den Rücktransport bildeten vier Fuhrwerke mit 36 Kisten. Drittens lernt Joseph Deym, wie er sich in Italien vermutlich auch nennt, Lord und Lady Hamilton und Admiral Nelson kennen. Sie freunden sich an und besuchen ihn in den Folgejahren in Wien.

„Trotz seiner hohen Preise ließen sich viele berühmte und reiche Personen von Joseph Müller in Gips oder Wachs abbilden. Dem verstorbenen Mozart nahm er die Totenmaske ab. Im Februar 1790 schuf er zwei Stunden nach dem Tod von Kaiser Joseph II. einen Abguß. Auf dem „Paradetotenbett" präsentierte er sein Kunstwerk dann in einem eigenen Zimmer seiner Ausstellungsräume. Auch Feldmarschall Gideon Ernst Freiherr von Laudon, der Sieger von Belgrad, ließ sich nachbilden. Für ihn richtete er später eigens in seinen Räumen ein Mausoleum ein, worin ein Flötenwerk installiert war, zu dem u.a. von Mozart Stücke komponiert wurden. Ludwig XVI. mit Marie Antoinette zierten ebenso seine Sammlung, wie Maria Theresia, die sich der Mode entsprechend „a la turque" porträtieren ließ. Dank des Geschickes von Joseph Müller und seines guten Geschäftssinnes war um die Mitte des Jahrzehnts ein Höhepunkt erreicht. Ausgestattet mit dem Titel eines" k.k.Hofmodeleurs und Statuairs" waren seine Exponate und Arrangements eine große Attraktion. Sein Kabinett enthielt, meist lebensgroß, Abbildungen von 20 bekannten Persönlichkeiten und zehn Mitgliedern des Kaiserhauses. Die Besucher, ob Hofmitglieder, Beamte oder Bürger, drängten in seine Ausstellung. Den Angaben nach waren es bis 800 täglich. Abgüsse der antiken Statuen wurden an die k.k. Akademie der bildenden Künste und an die Zarin in Russland verkauft. Immer wieder mußten die Räumlichkeiten vergrößert werden.

Die Bezeichnung der Darbietungsräume wandelte sich von" Sammlung" über „Kunstsammlung" zu „Kabinett" und „Kunstgalerie". Wiederholt war ein Umzug nötig, bis Josef Müller 1797 von dem später zum ersten Hofarchitekten ernannten Johann Nepomuk Amann -er war ein Protegé' des Klosters in St.Blasien im Schwarzwald - das Müller'sche Gebäude errichten ließ. Es lag als Teil der ehemaligen Bastei am Roten Turm, dem heutigen Schwedenplatz, sehr zentral am Durchgang zum Augarten und zum Prater und mit einem schönen Ausblick von einem Balkon aus. Der aufwendige Bau bestand aus einem Arkadengang und zwei aufgesetzten Stockwerken mit Flachdach. Neben kleineren Einheiten war im Inneren ein großer Saal. Dank der ständigen Suche nach Verbesserung wurde das Müller'sche Gebäude bald wieder umgebaut. Sein Ende, Abriss (1889) nach 92 Jahren und 85 Jahre nach Müllers Tod, beendet auch ein kurioses Stück Wiener Zeitgeschichte.

Das Erfolgsgeheimnis der Müller`schen Darbietungen war zunächst seine handwerkliche Geschicklichkeit. Darüber hinaus halfen ihm seine Beziehungen und sein Kunstsinn. Mit Darstellungen aktueller Ereignisse und Sättigung modernen Geschmacks verband er zur Zeit der Aufklärung geschickt eine Bildungsfunktion mit Sensationslust. Perfekte Inszenierung durch die Ansprache aller Sinne griff er der

Multimedia- Zeit voraus. Er war Meister des Spiels mit dem Licht, aber auch der Musik. Beethoven war ständiger Hausgast und Klavierlehrer, er komponierte, arrangierte für Musikautomaten und Spieluhren der Kunstgalerie. Es gibt Vermutungen, dass in diesem Kontext die Anfänge von „Fidelio" entstanden. Mozart schrieb für Joseph Müllers Spieluhr, die ins Laudon Mausoleum integriert war, im Abstand von drei Monaten zwei Trauerstücke, KV 594 und 608. Im Zimmer der drei Grazien -ein besonders beliebter Raum - fand das Stück KV 617 und im türkischen Zimmer KV 616 Verwendung.

Seine musischen Neigungen konnte Joseph Müller durch technische Begabung ergänzen. Er erfand zum Modellieren eine Masse, die geeigneter als Wachs war. Ebenso entwickelte er einen Firnis, der einerseits konservierte, andererseits bessere Holzqualität vortäuschte. Als technische Sensationen konnte er neben den Musikautomaten die Schreibmaschine von Friedrich von Knaus, dem Wiener Hofmechaniker, die mathematische Uhr von Pfarrer Hahn und das Gaserzeugungsgerät von Andreas Z.Winzler dem Publikum präsentieren.
Sein Deckname schützte Müller bzw. Joseph Deym auch gesellschaftlich. Mit den freizügigen Darstellungen weiblicher Figuren bewegte er sich an der Grenze des Zulässigen. Mehrmals war die Polizei in seinen Räumen, mal mit mehr, mal mit weniger Erfolg. Beweglich wie er war, stellte er nach Beanstandungen dann wieder seine antiken Statuen, die nicht minder erotisch waren, in den Vordergrund. Es paßt in das Bild von Joseph Müller, dass er auch mit sinnlichen Leckerbissen das Publikum lockte.

Als Geschäftsmann erlebte Joseph Müller Höhen und Tiefen. Auch wenn er sehr geschickt die Werbetrommel rührte und eine sehr ausgetüftelte Preispolitik betrieb, blieben Geldnöte nicht aus, sodaß er seinen persönlichen Lebensstil, der nie pompös war, zeitweise einschränken mußte. Daran war vor allem die schlechte gesamtwirtschaftliche Lage schuld. "In Prag besaß er (als Joseph Deym) ein Haus in der Korngasse. Er hatte dieses Gebäude, das sich ehemals im landtäflichen Besitz seiner Vorfahren Franz, Wenzel und Ignaz Deym befunden hatte, käuflich erworben"[11]. Für eine stabile Finanzsituation spricht auch der Grundstückserwerb sowie der Bau und Umbau des Müller`schen Gebäudes, in dem auch Mietwohnungen errichtet wurden. Zu diesen Einkünften in der letzten Phase kam das Einkommen aus Porträt- u. Modellieraufträgen, dem Verkauf der Abgüsse der antiken Statuen, den Eintritten und dem Verkauf von Ausstellungsstücken, die laut Gabriele Hartwagner alle wohlfeil waren. Darüber hinaus konnte man an der Kasse von besonders attraktiven "Kunstgegenständen" Kupferstiche kaufen. Demnach könnte man hier ob der in einer sehr ausgeklügelten und komponierten, in Szenen teilweise arrangierten und reichlich dekorierten Inszenierungen nicht nur von einer Kunstgalerie, sondern auch einer Verkaufsausstellung sprechen. Von einem Zeitgenossen bekommt Joseph Müller die Prädikate: ."ausgebreitete Kenntnisse, geläuterter Geschmack,…feinste Lebensart, die Künstler aus Mangel an Weltton selten besitzen"[12]. Wegen seines Anstandes und noblen Auftretens wurde seine bürgerliche Identität von vielen Wienern angezweifelt.

Joseph Graf Deym von Střítež bleibt in seinen Beschreibungen ein mit herausragenden Begabungen, bewundernswertem Geschick und beachtlichen Leistungen versehenes Original, das die Wiener Kunstszene beeinflußte. Er brach aber auch gesellschaftliche Konventionen, die ihn von seinen Standesgenossen trennten. Gleichzeitig brachte er es fertig, die Nähe zum Kaiserhaus, zu maßgebenden Künstlern der Zeit und dem Bürgertum zu gewinnen. Seine unkonventionelle Umtriebigkeit scheint Joseph seinem Sohn Friedrich, der es im Bereich der Politik zu vergleichbarer Berühmtheit brachte, vererbt zu haben.

---

[11] Gabriele Hartwagner, s.o. S.44.
[12] Gabriele Hartwagner, s.o. S.44.

Die Rolle der Familie Deym bei der Suche Böhmens nach einem Platz im stürmischen Europa von 1848/1849

Aristokratisches Selbstverständnis schloß von alters her besonderes Engagement für das Allgemeinwohl ein. In verschiedenen Kulturen, verschiedenen Zeiten und verschiedenen Familien fand es sehr unterschiedliche Ausprägung, leider nicht immer zum Wohle aller Bürger.

Die Familie Deym nahm in Böhmen mit einigen ihrer Familienmitglieder die Verantwortung ernst und manifestierte sie in politischem Engagement. Das gilt für Nikolaus und Johann d. J. Deym, Wilhelm und Heinrich d. J. Deym im 17. Jahrhundert.
Sie waren kaiserliche Räte und Landrechtsbeisitzer im Königreich Böhmen. Nikolaus d. J. Deym (1601-1650) war darüber hinaus Bezirkshauptmann des Prachiner Kreises (Südböhmen). Etwa zur selben Zeit hatte Wenzel Heinrich Deym in Brandeis an der Elbe (Mittelböhmen) auch das ständische Verwaltungsamt des Kreis-Hauptmannes inne (1637-1647). Adauct Deym (1665-1719) verband wieder das Amt des kaiserlichen Rates und Landrechtsbeisitzers mit der Kreishauptmannschaft in Kourim (Mittelböhmen). Sein Bruder Wenzel Ignaz (1669-1747) war kaiserlicher Kämmerer und Kreishauptmann in Bechin (Südböhmen). Heinrich Deym (1666-1711) bekleidete nach Nikolaus (s.o.) wieder für 9 Jahre das Amt des Hauptmanns im Prachiner Kreis.

Dieses politische Engagement vor allem im 17. und 18.Jahrhundert war bemerkenswert, sollte im 19.Jahrhundert nicht in der Breiten-, aber in der Tiefenwirkung noch übertroffen werden und bis ins 20.Jahrhundert hereinreichen. So hatte Franz de Paula Deym, Graf v. Střítež (1838-1903) als Diplomat eine steile Karriere, u.a. war er als kaiserlicher Gesandter 1887 in München. Auch eine Frau, Gabriele (Graziella) Deym, Gräfin von Střítež, hinterließ historische Spuren. Sie war erst Hofdame bei Adelgunde, Herzogin von Modena und dann ab 1915 zweite Hofdame und Freundin deren Nichte und berühmten Prinzessin

Therese von Bayern, Tochter von Prinzregent Luitpold. „…..Gräfin Deym, die sensible, verständnisvolle Partnerin für das innere Leben."[13] Ich habe das Freundesherz gefunden….."das mit seiner Liebe die Leere des Herzens ausfüllt, die sein schreckliches Loos mir bereitet".[14]
So schreibt Therese selber und meint das Schicksal ihres kranken Vetters Otto und ihre tragische Liebe zu ihm. Sie starb 1926 in Nemysl/Nemischl.

Ein herausragendes politisches Engagement legten drei Mitglieder der Familie Deym in den Umbruchjahren Mitte des 19.Jahrhunderts an den Tag. 50 Jahre nach der Französischen Revolution kochte in Europa wieder der bürgerliche Freiheitsdrang und wollte überkommene Ordnungen über den Haufen werfen. Wieder von Paris ausgehend, brodelte es in fast allen Staaten zwischen Dänemark und Sizilien. In Berlin floh am 19.März 1848 der preußische Kronprinz Wilhelm nach England. Österreich verhängte über seine italienischen Gebiete den Belagerungszustand.

Die revolutionäre Welle traf in Prag auf einen national orientierten Geheimbund, der sich am Kampf der Iren gegen die Engländer orientierte und mit profilierten und mutigen Männern einen neuen, friedlichen Weg in stürmischer Zeit suchte. Mit einer Bürgerversammlung im St. Wenzelsbad am 11.3.1848, also nicht mit Barrikaden und Schüssen, begann in Böhmen die „Revolution". St.Wenzelsbad mutet wie ein vierter tschechischer Kurort an, war aber ein frisch eröffnetes Bad in Prag, in dessen Gaststätte sich Intellektuelle, einige Aristokraten und politisch engagierte Bürger zu einer außerparlamentarischen Opposition trafen.

Die Herrschaftsverhältnisse in Böhmen unterschieden sich damals stark von den Strukturen in den meisten Teilen des übrigen Europa. Zum einen, weil nach der für die Tschechen traumatischen Schlacht von 1620 am Weißen Berg die Selbständigkeit an die Habsburger mit der

---

[13] Hadumod Bußmann, „Ich habe mich vor nichts gefürchtet" Die ungewöhnliche Geschichte der Therese Prinzessin von Bayern, Berlin 2014
[14] Biographisches Material Ebd.

Hofkanzlei in Wien verlorenging, und zum anderen, weil die Agrar- und Patrimonialverhältnisse noch erheblich feudaler waren als andernorts in Mitteleuropa. Hier lag eine besondere Angriffsfläche für liberale und nationale Strömungen.

Am 12. Juni 1848 kam es während des von Frantisek Palacky, dem führenden Historiker der Nationaltschechen, einberufenen Slawenkongresses zum Prager Pfingstaufstand. Der großbürgerlich-konservative Kurs Palackys ging den Aufständischen nicht weit genug. Die Nationalitätenfrage bekam erstmals handgreifliche Formen.

Die Deutschböhmen begrüßten die Niederschlagung des Aufstandes durch die österreichischen Truppen unter Fürst Alfred Windischgrätz. Die Tschechen sahen sich einmal mehr als Verlierer. Die reaktionären Kräfte schienen zu siegen, die liberalen Reformen zu unterbleiben. Jetzt nahm die St.Wenzelsbader Versammlung wieder die Fäden in die Hand und versuchte die Unruhen in Böhmen durch politische Einflußnahme zu kanalisieren und die staatlichen Strukturen unkonventionell, aber friedlich zu verändern.

Durcheinander und öfterer Frontenwechsel lassen den Streit zwischen dem bisherigen Ständeadel und der bürgerlich tschechischen Nationalbewegung stellenweise etwas undurchsichtig, auf jeden Fall aber kompliziert erscheinen. Auch wenn Autoren wie Ralph Melville („Adel und Revolution in Böhmen", Verlag Philipp, Mainz, 1998) oder Markus Mauritz („Tschechien", Regensburg, 2002) Darstellungen der doch recht komplexen Geschehnisse liefern - meine Ausführungen orientieren sich an Melville- haben vor allem die tschechischen Geschichtsschreiber hier noch Arbeit vor sich. Ganz ohne Blutvergießen lief jedoch leider die 48er- Revolution auch weiterhin nicht ab. Aufständische und übergelaufene Soldaten wurden nach dem Oktoberaufstand im Zentrum der Habsburgermonarchie, in Wien, vom Militär niedergemacht.

Zur Schilderung der Ausgangslage: „Dank der bedeutenden Größe, geschlossenen Struktur des dominikalen Ackerlandes, der sich kräftig modernisierenden Großbetriebe und der relativ leistungsfähigen Patrimonialverwaltung, bildeten die böhmischen Grundherrschaften ein

Bollwerk der Adelsmacht im österreichischen Vormärz".[15] Ihr Landbesitz deckte sich weitgehend mit dem von ihnen getragenen Regionalverwaltungsbezirk. Das ergab vergleichsweise kurze Wege und große Identifikation. Neben der Rentabilität der großen Flächen spielte bei ihnen die Modernisierung des Ackerbaues und die Ertragssteigerung eine große Rolle. Mit Dampfmaschinen, Zuckerfabriken, Brennereien und Hochöfen stiegen sie im großen Stil in die Industrie ein. Die Einkünfte kamen weitgehend aus dem Ertrag und nicht aus Pacht und Zehnt. In den anderen österreichischen Ländern waren die Grund- und- Bodenverhältnisse meist wesentlich schlechter und dadurch für alle Beteiligten ungünstiger. Hier waren die Betriebe unwirtschaftlicher und konventioneller. Das Einkommen bestand weitgehend aus untertänigen Zinsungen und Giebigkeiten. Hier wollte man die Dominien von den Verwaltungsaufgaben aus Kostengründen befreit sehen.

In dieser Konstellation stand den feudalen böhmischen (Groß-)Grundbesitzern, die zwar für bestimmte Reformen wie der Abschaffung der Fronarbeit (Robot) offen waren, aber an der Ständevertretung und der Patrimonialverwaltung festhalten wollten, die revolutionären nationalen Kräfte und „Wien" gegenüber.
In Böhmen gab es, laut Tabelle 4/5 bei Melville 1802 1166 Dominien. Die durchschnittliche Fläche lag bei 4.284ha. 21 Dominien mit einer Größe von 29.000ha und mehr machten 17% des Anteils am produktiven Boden aus. Nachdem in „Rest-Österreich" die Verhältnisse der Adelsherrschaften sich schon geänderte hatten, wurde eine parlamentarische Verfassungsreform und eine Selbstverwaltung für Böhmen vom Innenminister Franz Graf Stadion propagiert.

Er verband den aufmüpfigen Wenzelsbad-Ausschuss mit der Kommission zur Vorbereitung des konstitutionellen Landtages. Die böhmische Landtagspolitik war zu dieser Zeit zusammengebrochen. Zunächst war im Juni /Juli 1848 kein einziger Adeliger aus Böhmen in den Reichstag, der dann nach Kremsier floh, gewählt worden. Bei einer Nachwahl gelang drei böhmischen Abgeordneten,

---

[15] Ralph Melville,"Adel und Revolution in Böhmen", Mainz 1998, S.4

darunter Adalbert Deym, Graf v.Střítež (1812-1863) und seinem Bruder Moritz (1809-1851), der Sprung in den Reichstag.

Foto Adalbert

Quelle:
http://upload.wikimedia.org/wikipedia/commons/thumb/3/34/Vlastimil_Vojt%C4%9Bc h_Deym.jpg/640px-Vlastimil_Vojt%C4%9Bch_Deym.jpg

Auffälligerweise geistert der Name Adalbert, auf Tschechisch Vojtech, immer wieder als „Albert" durch die Literatur. Während Albertus Magnus keinen Bezug zu Böhmen hatte, war Vojtech 983 der zweite Bischof des vom Heiligen Wolfgang von Regensburg aus neugegründeten Bistums Prag. Bei dem Versuch die Prussen an der Weichsel zu missionieren, wurde er 997 von diesen erschlagen und nach 1000 als Märtyrer heiliggesprochen.

Der Adel in Böhmen war weitgehend isoliert. Der Reichstag wurde von dem neu ernannten Ministerpräsidenten Fürst Felix Schwarzenberg einberufen. Nach der Niederwerfung der Aufstände durch das Militär (dabei kämpfte Franz de Paula Deym (1804- 1872), älterer Bruder von Adalbert und Moritz, als Brigadegeneral gegen die aufständischen Ungarn unter Führung von Graf Arthur Görgey und bekam dafür vom Kaiser den Besitz Lesencetomaj in Ungarn), der Niederlage der liberalen und nationalen Kräfte und dem Wechsel der Kaiserkrone von Ferdinand I. auf Franz Joseph I. war die Mitarbeit des Parlamentes und vor allem die Mitarbeit der tschechischen Abgeordneten nicht mehr gefragt.

Betrachtet man die Konflikte des Jahres 1848 aus dem Blickwinkel des Verhältnisses zwischen Deutschen und Tschechen, kann man auch sagen: „Seinen Höhepunkt fand das Zusammenleben um das Jahr 1848, als Vertreter beider Ethnien noch zusammen auf den Prager Barrikaden standen. Nach dieser Zeit trennten sich die beiden „Nationen", basierend auf „Boden, Kultur, Blut und Sprache".[16]

Am 7.3.1849 lösten Soldaten den Kremsierer Reichstag gewaltsam wieder auf, nachdem zuvor, am 4.3., die von Graf Stadion erarbeitete „Märzverfassung" vom Kaiser erlassen wurde. Ein Neoabsolutismus ergriff das Zepter, die begonnenen Reformen blieben stecken, die Abneigung gegen alles „Deutsche" in Böhmen nahm zu, eine zukunftweisende Neuordnung Europas unter Einbeziehung aller Länder und Kräfte war gescheitert.

---

[16] Bohumil Rericha, tschech.Vorsitzender des Freundeskreises dt.-tschech.Verständigung, LZ 19.08.14

Gut fünfzig Jahre ließen sich die ungeklärten Konflikte, deren nationaler Anteil wuchs, unter der Oberfläche halten, dann brachen sie im 1.Weltkrieg umso schärfer auf. Nicht von ungefähr entstand er, wie viele der europäischen Auseinandersetzungen (inkl. 2.Weltkrieg), in Süd-/Ost-Europa.

Zurück zu den Bemühungen der Deyms, Grafen von Střítež und des St.Wenzelbad-Ausschusses um eine friedliche Neuordnung unter Wahrung tschechischer Eigenständigkeit, ein Ringen um nationale Souveränität in einem übernationalen Verbund, wie es sich auch in der Europäischen Union des 21. Jahrhunderts zeigt. Kann man aus der Geschichte lernen?

Adalbert Deym, Graf von Střítež von der Linie „Arnau" besaß mit dem Gut Cermna an der Elbe mit 14.928 Joch (8.660ha) ein mittelgroßes Gut und war seit 1844 im Landtag. Als jüngeres Ständemitglied gab er bei seiner parlamentarischen Jungfernrede im Mai 1847 zu verstehen, „daß er eine politische Öffnung zum Bürgertum im Sinne einer umfassenden Landtags- und Gemeindereform für dringend geboten hielt. Dieser Vorstoß war der weitestgehende, den der Landtag in dieser Schlüsselfrage erlebte, und er blieb isoliert"[17], obwohl er bei den Vorkämpfern der tschechischen Nationalbewegung großes Ansehen genoß. Im März war er zum Geschäftsführer des „Vereins zur Ermunterung des Gewerbegeistes in Böhmen" gewählt worden. Adalbert Deym griff ein von dem Journalisten Karel Havlicek formuliertes Programm einer Gemeindereform im Sinne des Liberalismus auf und begründete dadurch seine Schlüsselrolle in der Märzrevolution. Adalbert ist Herausgeber der Nationalzeitung „Narodni Noviny". Auf der letzten Ständeversammlung im Mai 1847 war eine Kommission eingesetzt worden, um für die Verfassung eine Gemeindeordnung zu entwickeln. Am 11.März 1848 konstituierte sich mit einer Manifestation der obenerwähnte Wenzelsbad-Ausschuss.

In seiner ersten Sitzung tags darauf bedankte sich Adalbert Deym für das in ihn gesetzte Vertrauen, rechtfertigte das ungewöhnliche

---

[17] Ralph Melville, „Adel und Revolution in Böhmen", Mainz 1998, S.79

Vorgehen mit der ungewöhnlichen Situation, nicht ohne dabei seine Standesgenossen zu kritisieren, und wurde zu seinem Vorsitzenden gewählt. A. Deym, Graf von Střítež kooptierte in den Ausschuss Frantisek Palacky, den führenden Slawisten. Er war konservativ-liberal und versuchte, die Aristokratie für die nationale Bewegung zu gewinnen. Schon im März 1843 hatte er auf Initiative von Friedrich Deym, Graf von Střítež (1801-1853) im Prager Palais Schwarzenberg der böhmischen Elite des Herrenstandes Vorlesungen über die Verfassungsänderungen seit der Landesordnung von 1627 gehalten.

In Abwesenheit wurde auch Graf Georg Bouquoy in den Wenzelsbad-Ausschuss gewählt, er nahm aber erst nach dessen offizieller Berücksichtigung durch Graf Stadion an, ohne je teilzunehmen. Graf Bouquoy war der Schwiegervater des dritten Deym-Exponenten, Friedrich Deym. Dem 28-köpfigen Wenzelsbad-Ausschuss gehörten ferner u.a. das politische Schwergewicht Leo Graf Thun und Ladislav Rieger, der Schwiegersohn von Palacky, an. Die Mischung aus Tschechen und Deutschböhmen, Aristokraten und Bürgerlichen war sicher nicht unabsichtlich gewählt und sollte den gemeinsamen Interessen dadurch Erfolg verleihen, dass jedes Mitglied unterschiedliche Gesellschaftsgruppen hinter sich hatte. Unter den Aristokraten im Wenzelsbad-Ausschuss hatte A. Deym die stärksten tschechischen Wurzeln, aber die kleinste materielle Macht. Das Hin und Her von Standpunkten und Papieren zwischen Wenzelsbad-Ausschuss, Ständekammer und Wien führte schließlich am 8.4.1848 zur „Böhmischen Charte", einem Kompromiss, bei dem die Zusammensetzung und die Aufgaben des zu konstituierenden böhmischen Landtags bestimmt waren.

Friedrich Deym, Graf von Střítež war ein Onkel von Adalbert und Moritz.1830 hatte er das mittelgroße Gut Nemischl mit etwa 1750ha geerbt. Dazu gehörten im Taborer Kreis neun Dörfer. Von den Grafen Pachta erwarb er später die Allodialherrschaft Lieblitz bei Melnik. Dieser Besitz umfasste ca. 4000ha. Wie sein Neffe Adalbert war Friedrich ein herausragender Ständepolitiker. Melville bezeichnet ihn als „den energischen Führer der ständischen Opposition in Böhmen bis zum Jahr 1848."[18].

Der Prager Nationalausschuss hatte ihn zu seinem Mitglied gemacht. Er war einer der ersten Grundherren, die die „Robotfrage" (Frondienst) in die Öffentlichkeit brachten.

Mit einem zweisprachigen Flugblatt wandte er sich an seine Untertanen und löste daraufhin ihre Schuldigkeiten ab. Mit dieser liberalen Strategie wollte er offenbar einer extrem radikalen oder liberalen zuvorkommen. Friedrich Deym setzte sich weiter in der Praxis für die Landstände ein. Er verlangte in ihrem Namen so wie unter ihrer Garantie und Leitung die Errichtung einer „Real-Hypotheken-Bank". Als erster böhmischer Ständepolitiker forderte er eine Modifikation des Patrimonialrechtes und setzte sich für das Wahlrecht der Bauern ein. Damit kam er dem Bürgertum mit seinen liberal-neuständischen Reformvorschlägen stärker entgegen als jeder andere Standesgenosse. Diese lehnten seine Vorschläge auf ihrer Sitzung im Ständelandtag noch ab. Durch die Unterstützung der Petition des Wenzelbad-Ausschusses und die Diskussionen wurden die Vorstellungen Friedrich Deyms jedoch weitertransportiert nach Wien und ein neuständischer Landtag wurde in Aussicht genommen. Die Positionen der Stände hatten sich im Lauf der Geschehnisse und Entwicklungen soweit modifiziert, dass die entstandene Denkschrift als „erste Prager Bürgerpetition" in die böhmische Geschichte eingegangen ist. Friedrich war sichtlich nicht Mitglied des Wenzelbad-Ausschusses, unterstützte aber öffentlich dessen Ziele und rechtfertigte den „illegitimen" Ursprung.

Sein politisches, unabhängiges Engagement und vor allem seinen Weitblick in europäischer Dimension bewies Friedrich Deym, Graf von Střítež als er mitwirken wollte, Böhmen in einen übernationalen Zusammenhang zu stellen und dabei die Positionen Deutschlands und Österreichs zu verbinden. Während Palacky und der böhmische Adel bis auf Fürst Clary vehement Wahlen zum Reichstag nach Frankfurt ablehnten, ergriff der Führer der vormärzlichen böhmischen Ständeopposition, Friedrich Deym, Partei für die Großdeutsche

---

[18] Ralph Melville, „Adel und Revolution in Böhmen", Mainz 1998, S.68

Einigungsbewegung. „Deym nahm für sich weder eine antitschechische noch eine hyper-deutsche Gesinnung, sondern nichts mehr und nichts weniger als eine echt böhmische, echt österreichische in Anspruch."[19].
In Wort und Schrift versuchte er fast verzweifelt für die Mitarbeit in der Paulskirche zu werben und forderte allgemeine Wahlen in Böhmen zum Frankfurter Parlament. Damit setzte sich Friedrich vom übrigen böhmischen Ständeadel, so unterschiedlich dessen Positionen im Einzelnen auch waren, ab. In dieser wie auch anderen Fragen unterschied sich auch die Auffassung von Friedrich und Adalbert. Die Mehrzahl des böhmischen Adels konnte seine Position für Altösterreich oder einen Austroslawismus nicht überwinden. Nebeneffekt war dadurch aber eine Klammer zwischen böhmischem Adel und tschechischer Nationalbewegung. Friedrich Deym wurde tatsächlich in einem deutschen Wahlbezirk, in Nordböhmen/Hohenelbe, in die Paulskirche gewählt. Melville schreibt, daß er sich als einziger böhmischer Adeliger nach Frankfurt wählen ließ. Spuren dort von ihm konnte ich nicht finden. Bekanntlich scheiterten die Bemühungen in Frankfurt an der damals noch unüberbrückbaren Kluft der Einzel-Staatinteressen. Gut 50 Jahre später gab es nach dem 1. Weltkrieg wieder Aufstände, und diesmal wurde der Monarchie gewaltsam der Garaus gemacht. Die Erinnerung an die Französische Revolution von 1798 wird wieder wach. Hätte man 1848/49 die folgende Entwicklung in ruhigere Bahnen lenken können?

Zusammenfassend kann man m .E. im Rückblick auf das politische Engagement der Familie Deym in den Umbruchjahren 1848/49 in Böhmen sagen:
Es ist erstaunlich, dass sich sogar drei Familienmitglieder in parlamentarischer und außerparlamentarischer Form für politische Reformen einsetzten, auch wenn sich Ziele und Wege unterschieden. Dem einen scheint es mehr um die bürgerlichen Rechte und eine übernationale Einbindung gegangen zu sein, dem anderen mehr um nationale Freiheiten und Strukturreformen. Zusammengenommen ragen sie aus dem böhmischen Adel in dieser Epoche heraus. Sie wollten die herrschenden Verhältnisse ändern, das politische System verbessern,

---

[19] ebd. S.171

aber nicht gewaltsam stürzen. Im Gegenteil, in den Hinterköpfen schimmerte vielleicht immer noch die Krone für die Böhmischen Länder, sogar bei dem deutschfreundlichen Friedrich. Sie bemühten sich um eine größere Gemeinsamkeit unter allen Staatsmitgliedern, um die politische Zukunft zu stabilisieren. Damit war sowohl der Brückenschlag zwischen Adel und aufstrebendem Bürgertum als auch zwischen den Nationen und Ländern hin bis zu einem europäischen Gesamtgebilde im Blick. Mit der vorausschauenden und gleichzeitig sich ergänzenden Haltung wurde einerseits der aufkeimenden Revolution der Wind aus den Segeln genommen, andererseits ein wesentlicher Beitrag für die zukünftige politische Entwicklung geleistet. Etliche Ziele wurden erreicht, wesentliche wie die Bürgerrechte mit entsprechender politischer Partizipation und die Überwindung eines separatistischen Nationalismus aber nicht.

Ich wage als Nichthistoriker die Frage:
Wären die Vorstellungen unserer Avantgardisten in der damaligen Umbruchphase weitergehend harmonisiert worden und zum Durchbruch gekommen, wären uns dann nicht der 1.Weltkrieg und die Revolution 1918/19 mit der Abschaffung der Monarchie vielleicht erspart geblieben?

Wie Joseph Deym nach Bayern und Arnstorf kam

Laut den Nachforschungen und Aufzeichnungen meiner Kusine Nives Gräfin Soden, entstammt Johann Nepomuk, Joseph (so nennt er sich), Wenzeslaus Graf von Deym, Freiherr von Střítež der 11.Generation der Familie Deym.

Mit der vorstehenden Namensform wird er 1813 in Bayern immatrikuliert. Sein Großvater Pribik Vilem führte noch die böhmische Form des Namens "Deym Graf von Střítež". Dieser ist Herr auf Vyclantice, Cizova, Bosovice, Dobesice usw. in der Bezirkshauptmannschaft Pisek. In Deutschbrod (Havlickuv Brod) bekleidet er das Amt eines Vizehauptmannes. Die Onkeln und Tanten von Joseph kommen fast alle in Vodice zur Welt.
Wenzel Ignaz (gest.1816) macht als Geistlicher Karriere, erst in Italien, dann als Hofbischof in Salzburg. Onkel Ignaz (geb.1742) absolviert mit 15 Jahren in München das Wilhelm Gymnasium, wird kurfürstlicher Edelknabe, später Oberleutnant und stirbt 1784 unverheiratet in Ingolstadt.
Vater Johann Nepomuk, Franz de Paula, Joseph, Isidor erblickt in Vyclantice (das als Stammhaus von Joseph bezeichnet werden kann) 1743 das Licht der Welt. Er ergreift die Offizierslaufbahn für das österreichische Kaiserhaus. Sein soziales Engagement beweist er als er 1765/66, zusammen mit anderen, in Prag Häuser für Gebrechliche, Findelkinder und zur Geburtshilfe errichten läßt.
Geheiratet hat Johann Nepomuk 1787 in Bela bei Deutschbrod Maria Magdalena Freiin von Olnhausen-Ördingen (geb.1766), eine Mährin. Er stirbt bereits 1789 in Pressburg. Die junge Witwe heiratet 1797 in Wien Johann Engelbert, Freiherrn Reichlin von Meldegg.
Mit ihm hat sie nochmals vier Kinder und lebt bis zu ihrem Tode (1841) in Regensburg. Begraben ist sie in Riekofen.

Joseph, der Sohn aus erster Ehe, war 1788 in Deutschbrod geboren.
Er hatte mit einem Jahr seinen Vater verloren und kam als 14–Jähriger, vermutlich 1802, mit Mutter und Stiefvater nach Bayern.

Die Gründe der „Auswanderung" lagen also nicht in Politik oder wirtschaftlichen Problemen, sondern waren rein familiärer Natur. Das führte auch dazu, daß es keinen Bruch mit den angestammten Ländern, wie bei den Verwandten ca.150 Jahre später gab. Ob zwischen Mutter und Sohn, Regensburg und Arnstorf, Bayern und Böhmen noch reger Verkehr bestand, ist unklar.

Foto : oberes Schloss im Markt Arnstorf

Laut „Gotha" eröffnet Joseph die I. Bayerische Linie. Aus dem „Deym-Buch"(Nr.1040.223-c in der Österreichischen Nationalbibliothek in Wien) zitiert Fr. Helene Sebastany, daß bereits der Großvater Pribik Vilem die Bayerische Linie eröffnet hätte. Er sei im Jahre 1741 auf der Seite des bayerischen Kurfürst Karl Albrecht gestanden, als dieser sich in Prag zum böhmischen König ausrufen ließ. Nach dem Scheitern der Pläne sei er mit dem Kurfürst nach Bayern. Angaben aus anderen Quellen sprechen ebenso gegen diese Version wie auch die Tatsache, daß außer dem kinderlosen Onkel Ignaz im 18.Jahrhundert noch keine Spuren der Deyms in Bayern zu finden sind, sondern erst im 19.Jahrhundert. Ein Grab könnte hier weiterhelfen.

Joseph Deym war 1802-1804 Page am Wittelsbacher Hof in München. Anders als in Paris hatte das bayerische Herzogtum die Französische Revolution unbeschadet überstanden, wurde aber in den Strudel der Napoleonischen Kriege hineingezogen. Das traf auch Joseph. Während der sich anschließenden Offizierslaufbahn bis 1812 bekleidete er verschiedene Funktionen und Dienstgrade. Zum Schluß war er Brigade Adjutant. Fünf Jahre seiner Dienstzeit verbrachte Joseph im „Feld", erst vier Jahre im Krieg mit Österreich und dann ein Jahr 1806/07 gegen Preußen.

1807 wurde er verwundet und gefangengenommen. Anscheinend konnte er aber seinen Dienst bald (bis 1812) fortsetzen. 1809 bekam er die Auszeichnung als Ritter der französischen Ehrenlegion. Der Orden wird neben anderen bis heute in einer Vitrine in Arnstorf hochgehalten. 1813 setzt Joseph mit der Charge eines Majors und Landwehr Kommandeurs des Unteren Donaukreises seine Ambitionen für König und Vaterland als Reservist fort. 1840 avanciert er noch zum Generalmajor a la suite.

Nach der honorablen Ausbildung „bei Hofe" und den militärischen Meriten gelingt dem kaum sehr vermögenden Joseph Deym, das wohlsituierte Erbtöchterchen Maria Josepha, Anna, Magdalena, Agnes (gen. Peppi) Gräfin von Königsfeld, zu gewinnen. Sie war bereits mit Herrn von Öxlein verheiratet, wurde aber wieder annulliert. Wie Joseph Maria-Josepha kennengelernt hat, werden wir nicht mehr erfahren.

Es ist nicht ausgeschlossen, daß es auf einem der Hofbälle war, von denen unsere Großtante Christa Deym als Teilnehmerin in jungen Jahren so anschaulich erzählte. Joseph heiratete 1812 in Arnstorf. Die Mutter der Braut, M. Agnes, war die letzte Closen und Erbin von Arnstorf. Ihr Mann starb..... .

Foto : Gemälde aus großem Salon in Arnstorf von Joseph Deym

1821 kauft Joseph die Hofmark Pischelsdorf, 1847 erbt er, nachdem Maria Josepha schon drei Jahre tot war von seiner Schwiegermutter Arnstorf mit Jägerndorf, Aufhausen, Ruhstorf und Oberpöring. Zuvor hatte er mit seiner Schwiegermutter das Closen- Königsfeldsche Fideikommiß gegründet, in das er Pischelsdorf einbringt.

Ein Jahr später erwirbt er die Hofmark Mariakirchen. Das Revolutionsjahr 1848 geht an ihm sichtlich spurloser vorbei, als an den in Böhmen sich einmischenden Verwandten. Joseph stirbt 1861, 73 jährig, in Arnstorf.

Foto: Mariakirchen,

Welchen Stellenwert die böhmischen Wurzeln hatten, läßt sich heute schwer einschätzen. Die böhmische Musik zumindest war kein bleibendes Kulturgut bei den bayerischen Deyms. Manchmal nahm man bei emotionaler Erschütterung mit Tränen eine „slawische Seele" zur Entschuldigung in Anspruch. Immerhin aber haben sich die böhmischen Nationalheiligen Wenzeslaus und Johann Nepomuk in den Vornamen bei 14 der 19 Nachkommen in der 17 Generation in Arnstorf erhalten.

Ob Joseph noch Tschechisch sprechen konnte? Ob die tschechischen Verwandten noch im Blick waren? Man gewinnt fast den Eindruck, gemessen an den Namen seiner sieben Kinder , deren Vornamen frei von böhmischen Heiligen waren und von denen sechs heiraten (drei Mädchen, drei Buben) und gleich in der ersten Generation nach Ur-Ur-Ur-Großvater Joseph in Bayern für kräftige Ausbreitung sorgen, daß er sich verständlicherweise stärker bemühte, die neuen Wurzeln zu kräftigen, als die alten zu pflegen.

Auf einen zwischenzeitlich abgerissenen Kontakt weist auch die Erzählung hin, daß sich in den frühen 30ern des 20.Jahrhunderts aus Landau die böhmische Verwandte Mausi Deym aus Hajarn meldete, um Kontakt aufzunehmen und Besuch in Arnstorf zu machen. Zu ihrer Legitimation forderte mein Großvater sie zunächst auf, ihre Personalien offenzulegen. Sie tat es ohne beleidigt zu sein. Auch die Tatsache, daß die bayerischen Deyms bis vor kurzem nicht wußten welches Střítež ihr Ursprungsort ist, spricht nicht für sehr viel Interesse an der böhmischen Vergangenheit.

Das starke Engagement von Joseph für König und Vaterland ist für einen „Quereinsteiger" schon auffällig. Dies mit seinem Einsatz für Familie und Betrieb so erfolgreich zu verbinden, läßt ihn als eine starke Persönlichkeit erscheinen. Seine Söhne sind wieder königlich-bayerische Kämmerer und weitgehend beim Militär, Tochter Ida Magdalena (geb.1814), verheiratete Seinsheim, bekleidet die Funktion einer Palastdame bei I.M. der verwitweten Königin von Bayern und ist Ehrendame des königlich Bayerischen Theresienordens.

Sicher haben auch die Besitznachfolger über Sohn Otto (geb. 1815) eine Vorbildfunktion weitergetragen und die Beheimatung in Bayern mitbefördert. Dem starken Integrationswillen kam mit Sicherheit bei Joseph die Nähe zum Hof mit der Militärlaufbahn und der erheiratete Besitz mit kräftiger Nachkommenschaft entgegen.

So bekannt bei der Internationalität des Adels im 18./19.Jahrhundert die Familie Deym in Böhmen war, wenn da nicht dieser unbayerische Namen mit dem unaussprechlichen Anhängsel „Střítež" wäre, würde man heute nach 200-jähriger," bayerischer Staatsbürgerschaft" nicht mehr auf einen Migrationshintergrund schließen können.

Der Bruch der Familie Deym mit Böhmen, Mähren und Schlesien

Zu Beginn des 20.Jahrhunderts reduzierte sich die Familie in den böhmischen Ländern auf zwei Familienzweige und zwei Besitzungen, nämlich auf Hajarn/Haiany in Mähren, nahe Brünn (die Arnauer Linie), und Nemischl/Nemysl in Südböhmen, unweit von Tabor.

Im Gegensatz zur Anfang des 19.Jahrhunderts ausgewanderten bayerischen Linie der Familie nannten sie sich weiter „Deym Grafen von Střítež". Trotz der alten tschechischen Wurzeln fühlten sie sich durch die Verbindung mit dem Kaiserreich - der Großvater diente der K.u. K.- Monarchie als Gesandter - Österreich verbunden.

Sie gehörten als Aristokraten der gebildeten Oberschicht an und sprachen untereinander Deutsch, auch wenn sie Tschechisch beherrschten. Dazu waren sie fromme Katholiken. Diese Merkmale verschlechterten nach dem 1.Weltkrieg, dem Zusammenbruch der Monarchie, der „Befreiung der Tschechen nach Jahrhunderten von Habsburg in der 1.Republik", dem neu entstandenen tschechischen Nationalismus, der Neugründung der Tschechoslowakisch-Hussitischen Kirche auf Kosten des Katholizismus, ihre Position und minderte ihre tschechische Identität, machte sie aber auch nicht zu „Deutschböhmen".
Jetzt keimten die nationalen Auseinandersetzungen, die 30 Jahre später nach dem 2.Weltkrieg mit der Befreiung der Tschechen vom Naziregime explodierten. Die Tschechen bewiesen nun mit Macht den ethnischen Minderheiten, wer Herr im Haus ist.

Da reichte es, Deutsch zu sprechen, katholisch zu sein und/oder den Habsburgern verbunden zu bleiben, um undifferenziert mit den „Sudetendeutschen" in einen Topf geworfen zu werden. In rascher Folge wurden Gesetze erlassen, die den neuen Staat „entösterreichern" sollten. Dazu gehörten die Abschaffung der Orden und Titel, des Adels, die Konfiskation des Großgrundbesitzes.[20]

---

[20] Manfred Alexander, „ Kleine Geschichte der böhmischen Länder", Stuttgart 2008, S.400

Nach zähen Verhandlungen mit den Siegermächten und nicht ohne Scharmützel entstand 1919 die erste Republik unter dem Philosophen Thomas Garrigue Masaryk (1850-1937). Dem jetzt entstandenen tschechoslowakischen Staatsgebilde wurde von Deutschland das „Hultschiner Ländchen" (bei Mährisch Ostrau), von der Ukraine die Karpatoukraine und vor allem die Slowakei einverleibt.
Obwohl Masaryk gute Absichten und Teilerfolge nicht abzusprechen sind - es schwebte ihm die Schweiz als Modell vor- und obwohl er und seine 1.Republik von den Tschechen bis heute glorifiziert werden, gelang es laut renommierten Historikern nicht, wegen des Zentralismus und einem zu theoretischen Begriff vom Staatsbürger, die ethnischen Unterschiede auszugleichen. "Es ist der Republik im ganzen Verlauf ihrer Existenz nicht gelungen, das Bewußtsein der Bürger auf die abstrakte Höhe der Konzeption der Verfassung zu heben; sie garantierte die Rechte der Individuen, aber keine Rechte von Gruppen."[21]

Die Konflikte unter den Volksgruppen nahmen zu und trafen auf den in Deutschland grassierenden Nationalsozialismus. Durch das Münchner Abkommen von 1938, der „Heimholung" der Sudetendeutschen ins Reich, dem Protektorat und der Besetzung der „Resttschechei" wurde der Spieß wieder umgedreht und die Tschechen als „slawische Unterrasse" behandelt. Mit Kriegsende war dann diesem Wahn der Garaus gemacht. Die Volkswut der tyrannisierten Tschechen war jetzt so groß, dass sie sich unkontrolliert und undifferenziert entlud. Die Folgen sind hinlänglich bekannt und trotz zwischenstaatlicher Erklärungen, verschiedener Versöhnungsnoten, unzähliger Aktionen und Vereinigungen zu guter Nachbarschaft, blieben Ressentiments auf beiden Seiten (latent) bestehen.
Wie könnte es sonst sein, dass 2013 im Stichwahlkampf der Präsidentenwahl in der Tschechischen Republik fast ausschließlich das Thema der Loyalität zur Nation, zum Teil mit argen Verleumdungen, die Gazetten füllte? Die Ablösung der deutschen durch die russische Besatzung und die entsprechenden Verwicklungen und Übergriffe auf die tschechische Nation blieben dagegen gänzlich unbehandelt.

---

[21] Manfred Alexander, „ Kleine Geschichte der böhmischen Länder", Stuttgart 2008, S.402

Kaiserreich, 1.Republik, Naziherrschaft, beginnender russischer Satellitenstaat, das waren die Epochen, die in nur drei Jahrzehnten sich abwechselten und Land, Leute und unsere Verwandten nicht zur Ruhe, zu Frieden und Wohlergehen kommen ließen.

In diese politische Situation war das Leben unserer böhmischen Verwandten in der ersten Hälfte des 20. Jahrhunderts hineingestellt. Es ist schon zu erahnen, dass diese Bedingungen das Alltagsleben derart erschwerten, dass sich das Ende der Familie in Böhmen abzeichnete. Anders als 1848 konnte die Familie Deym am Rad der Geschichte nicht Hand anlegen. Mit Ohnmacht nahm man das Naziregime hin, vor ihm und dem Kommunismus floh man. Die Hilfe der bayerischen Verwandten war erst unmöglich und dann in der Nachkriegszeit auf Einladungen nach Arnstorf beschränkt. Die Familie Korb-Weidenheim und unser Direktor Schreiner aus Böhmen fanden bereits dauerhafte Aufnahme, die Familie Gorcey zeitweise bei uns. Andere Verwandte, die es aus Ungarn über die Slowakei nach Gablonz in Nordböhmen verschlagen hatte, besuchte in den späten 50er Jahren unsere tapfere Mutter einmal über das staatliche Tuzex Büro auf einer abenteuerlichen Fahrt mit einem VW. Auf meiner ersten Fahrt nach Böhmen, noch zur kommunistischen Zeit, Anfang der 70er Jahre, besuchte auch ich die Verwandten mit zahlreichen Kindern in Gablonz, zusammen mit meiner Tante Katharina Preysing. Die Eindrücke von damals helfen mir heute zu einer besseren Gesamtsicht der Geschicke und der Entwicklung unseres Nachbarlandes.

Die verwandtschaftliche Solidarität und das Mitgefühl verlangen bei der Suche nach den böhmischen Wurzeln, die vom Schicksal getroffenen Verwandten mit ihren Lebenslinien besonders in den Blick zu nehmen. Mit ihrem Exodus reißt der Faden familiärer Präsenz in Böhmen nach ca. 500 Jahren zunächst ab. Vielleicht gelingt es ja, über die Erinnerung hinaus auch Hilfestellung zu leisten, um einen Neuanfang zu ermöglichen.

Die nachfolgenden Lebensgeschichten in Kurzform sollen die schwere Zeit zwischen den Kriegen und bis zur russischen Okkupation durch persönliche Schicksale illustrieren. Sie stammen weitgehend aus

Erzählungen von Julie von Vopelius-Feldt, geb. Deym Gräfin von Střítež, Zeitzeugin und Letzte ihrer Generation.
Im Laufe mehrerer Besuche bei ihr in München habe ich 2012/13 versucht, ihre Erinnerungen festzuhalten. Mit ihren 94 Jahren bedauerte sie ständig das viele Vergessene, während ich mich über das viele noch Vorhandene freute. Kommentiert haben diese Schilderungen Marion Deym und Astrid Lamberg, geb. Gräfin Deym.

Foto : Julie von Vopelius-Feldt

ll. (böhm.-schles.) Linie

Die Mitglieder dieser Linie wurden erstmals 2008 im bayerischen „Gotha" XXVII immatrikuliert. Es fällt auf, daß im Gegensatz zu der bayerischen Linie die Verwendung der tschechischen Nationalheiligen als Vornamen nicht üblich ist.
Der gemeinsame Stammvater aller Linien ist in der 8.Generation Wenzel Ignaz aus Cizova (1699-1747).
Julie und ihre sechs Geschwister hatten ihr Zuhause in Hajarn.

Nach dort siedelte die Familie von Neuschloss in Nordböhmen, bei Arnau (Bezirk Hohenelbe) Anfang des 20.Jahrhunderts um. Das Schloss bei Arnau wurde 1929 verkauft. Heute ist es in russischer Hand. Vater Franz de Paula hatte zwei Schwestern, die eine heiratete einen Grafen Magnis, die andere einen Grafen Esterhazy. Der Vater war begeisterter Bergsteiger. Deshalb hatte er ein Haus in Bad Einöd, Steiermark. Von dort aus unternahm er, meist mit Freunden, ausgedehnte Wanderungen. Nach einer dieser Ausflüge ereilte ihn 1925 eine Krankheit, an der er noch vor Ort starb. Die Mutter, eine geborene Harnoncourt, erbte von ihrer Mutter Mittrowsky von Mitrowitz Schloss und Gut Hajarn. Der Besitz war mit Feldern, Wiesen und ca.500ha Wald nicht allzugroß. Im Wald gab es auf einer Lichtung Pferdestallungen, Auslauf und eine Wohnung. Zum „Betrieb" gehörte auch eine Essigfabrik und ein entsprechendes Geschäft in Brünn. Dort stand auch ein Stadthaus, in dem im Winter oder während der Schule gewohnt wurde. Von den Einnahmen des Betriebes ließ sich leben.

Die älteste Schwester war Maria-Anna, Mausi genannt (1903 -1992). Wie die meisten Geschwister kam sie in Wien zur Welt. Bei Kriegsende lebte sie bei der Mutter, die in Hajarn blieb und dort 1949 starb. Mausi wich dann den Kommunisten nach Italien aus. Von dort ging sie für einige Zeit nach München. Später kam sie dann auch für einige Monate zu uns nach Arnstorf, zum zweiten Mal. Sie war eine Art Gesellschafterin für uns Kinder. Weil sie sehr mild und fröhlich war, liebten wir sie. Ich erinnere mich an lustige Ausfahrten mit ihr und unseren Ponys. Ihre bemerkenswerte Frömmigkeit zog sie von uns weg, näher zur Gnadenmadonna nach Altötting. Dort fand sie einen Platz in einem Schwesternheim. Von einer Erbschaft konnte sie ihren Lebensunterhalt bestreiten. In Altötting fanden auch ihre sterblichen Überreste die letzte Ruhe.

Das nächste Kind war ein Bruder, der traditionell, wie alle männlichen Erstgeborenen dieses Familienzweiges, Franz de Paula hieß. Er hatte vielversprechende Anlagen und zu allen ein gutes Verhältnis. Den hoffnungsvollen Sprößling traf jedoch mit 14 Jahren eine schwere Krankheit, die ihn seinen Lieben entriss. Er liegt in der Gruft am Schloss in Hajarn.

Als nächstes Kind folgte wieder eine Schwester, Josefine, genannt „Sef" (1906-1989). Wie die anderen Kinder auch bekam sie zu Hause Privatunterricht. Später kümmerte sie sich um die betreuungsbedürftig gewordene Mutter. Bei wichtigen Entscheidungen in Hajarn wurde Hubert, der jüngere Bruder, zu Hilfe geholt. Zum Kriegsende lebte Sef in München. Julie war zeitweise dort bei Ihr. Anschließend ging Sef als Hausdame nach Norditalien. Dort lebte sie bei den befreundeten Familien Duca di Badoglio und den Grafen Spaur in Südtirol. Früher war sie in Italien mit italienischen Frauen, die sich mit Deutschen eingelassen hatten, vorübergehend interniert. Sie hatte zu den Arco-Valley in Sassau Verbindung bekommen und pflegte den Kontakt. Ihren letzten Lebensabschnitt ab den Sechzigern des vorigen Jahrhunderts verbrachte sie als tüchtige und beliebte Äbtissin im adeligen Damenstift in Ehreshofen bei Köln. Sie hat sich dort u.a. auch durch Sanierungsarbeiten verdient gemacht. Umringt von vielen verwandten Damen mit ähnlichem Schicksal, hat sie sich dort auch ganz wohl gefühlt. Zumindest hatte ich diesen Eindruck bei meinen wenigen Besuchen dort.

In schöner Abwechslung folgte nun wieder ein Bruder und zwar der nachmalige Familienchef Hubert (1908-2008). Er hatte eine vergleichbare Kindheit wie die übrigen Geschwister. 1937 heiratete er Alexandra Frf.v.Nagel in München, am selben Tag wie meine Eltern in Arnstorf. Das war nicht nur kurios, sondern bezüglich der Gäste unglücklich. Im Gegensatz zu der Verbindung meiner Eltern wurde seine Ehe später annulliert. Zunächst aber lebte Hubert als Land- und

Forstwirt auf seinen schlesischen Gütern in Giersdorf, (Bez. Breslau), die von der Großmutter Schlabrendorff stammten.

Foto : Hubert Graf Deym

Es war ein beachtenswerter Besitz, zu dem noch zwei Häuser in Berlin gekauft wurden. Sohn Sascha kam in Giersdorf 1937 zur Welt. Später, nach der Flucht des Vaters nach Bayern, kam er einmal mit dem Moped von München zu uns nach Arnstorf zum Fischen. Fische waren sein großes Hobby. Nach Doppelstudium in Zürich und Anstellung bei Siemens widmete er sich nur noch seiner Leidenschaft, speziell der Zanderzucht am Hofstätter See bei Rosenheim und in St. Hubertus bei Regensburg. Mit viel Aufwand und erheblichen finanziellen Schwierigkeiten prozessierte er in Deutschland und den USA um ein legendäres Mercedes-Exemplar (8 Zylinder Kompressor, Coupé), das nach Kriegsende seinem Vater genommen wurde. Nach vier Jahren konnte er das rare Stück wieder sein Eigen nennen und es zu Geld machen.

Leider starb Sascha zu früh (2003) und wurde von seinem Vater um etliche Jahre überlebt.

Vater Hubert wurde (vermutlich 1938) in Giersdorf wegen nicht deutschfreundlicher Einstellung angezeigt. Der darauffolgenden Aufforderung der Nazis, die deutsche Staatsangehörigkeit anzunehmen, kam er nicht nach. Im Falle eines Krieges wollte er nicht für Hitlerdeutschland kämpfen. Ein guter Freund legte ihm daher nahe, Deutschland (Schlesien) zu verlassen, um nicht in größere Schwierigkeiten zu geraten. So zog er nach Florenz, wo seine Frau eine prachtvolle Villa besaß und er schöne Jahre verbrachte. An seine Einkünfte aus Giersdorf kam er nicht heran, da Überweisungen ins Ausland verboten waren. Seine Frau trennte sich von ihm und wanderte nach New York aus, wo sie 1985 starb. Zeitweise lebte Hubert auch in Rom, wo Schwester Sef ihn besuchte. Die wirtschaftliche Situation zwang ihn, Familienschmuck zu verkaufen. Nach zuletzt schwierigen Wochen geriet er in Italien in amerikanische Gefangenschaft und war ein Jahr interniert. In der Zwischenzeit war „Saso" bei italienischen Mönchen untergebracht. Anschließend wurde München die unfreiwillige Heimat von Hubert. Nachdem er alles verloren hatte, ging es ihm - wie vielen - zunächst schlecht. Langsam konnte er sich dann wieder besser einrichten und verlebte schöne Jahre in der Mauerkircherstraße. Dort besuchte ich ihn auch und ließ mir böhmische Bekannte nennen.

Hubert war gesellschaftlich recht geschickt, er war voller Lebensfreude und hat große Teile seines Lebens im Kreis von interessanten und netten Freunden sehr genossen. Er verstand es auch immer wieder zu etwas Geld zu kommen. 1951 heiratete er Riella Gräfin Schaffgotsch, mit der er zwei Töchter hatte.

In den 90er Jahren, als seine Gesundheit schon nachließ, zog er nochmals nach Mähren in ein gemietetes Haus. Zusammen mit einem Prager Rechtsanwalt versuchte er von dort aus, den restituierten Besitz in Hajarn auch tatsächlich wieder in seine Hand zu bringen. Früher unterstützte ihn Sascha in dieser schwierigen Aufgabe. Mieter und Bürgermeister brachten sie schier zur Verzweiflung. Das Schloss ist heute in schlechtem Zustand und der Wald von einer Straße durchschnitten.

Trotzdem konnte Hubert von den Einnahmen seinen letzten Aufenthalt in einer Wohnung in Garmisch, in der Nähe eines Neffen, bestreiten. Dort ist er im 100. Lebensjahr gestorben und eingeäschert worden.

Seine Frau Riella verbringt den Lebensabend im bewährten Stift in Ehreshofen. Die Töchter Assi und Bella kümmern sich um die Schwierigkeiten in Hajarn, unterstützt von ihrem Neffen Constantin Deym Graf von Střítež. Assi lebt in Wien und verfügt noch über ein paar Kisten Deymisches Archivmaterial, das es auszuwerten gilt. Schwester Isabella wohnt in München.

Laut „Gotha" folgte nach Hubert noch eine Schwester Isabella, geb. in Wien 1909, gestorben in Brünn 1942.

Auf Hubert folgte, laut Julie, wieder ein Bruder, Ferdinand (1911-1943) Er war Julies Lieblingsbruder. Nach dem Aufwachsen im heimischen Hajarn folgte ein Studium zum Dr. jur. in Prag. Er hatte sich 1938 auf die deutsche Seite geschlagen und wurde kurz darauf eingezogen. Auch über ihn wurde das Füllhorn des Glücks nicht ausgegossen. Kurz nach einem Heimaturlaub fiel er 1943 in Rußland. Julie wurde seine Universalerbin, war aber an Geld nicht interessiert. Ihr vertraute er an, dass er mit einer Arco-Valley aus Sassau verlobt sei. Seine Habseligkeiten wurden auf dem Weg zu Julie geplündert.

Wie die Geschwister wuchs auch Leopold (1917-1977), der nächste Sohn, auf. Nach Schule und Ausbildung hatte er eine Wohnung in Brünn. Dem Beispiel Huberts folgend, wich er dem deutschen Militär aus und votierte tschechisch. Vor der Machtübernahme durch die Russen floh auch er und landete zunächst in München.
Dann versprach er sich Chancen in Übersee und wanderte nach Venezuela aus. In Karlsbad heiratete er vorher eine Tschechin und bekam in den 40er Jahren eine Tochter Svetlana (Lana).
Sie verbrachte einen Feriensommer in Arnstorf und hatte spannende Autoerlebnisse mit Bruder Christoph. Man musste sie mögen, auch wenn sie aus einer anderen Welt kam und exotisch und spontan war. Sie ist in England verheiratet mit einem Schotten. Sohn Michael ist in Los Angelos sehr erfolgreich. Mit meinem Namensvetter hatte ich mich in den 70er Jahren einmal in München getroffen. Er hat mich nicht um Hilfe gebeten, aber man konnte seine finanziellen Probleme ahnen. Nachdem seine Frau von ihm geschieden und gestorben war, wanderte er zurück nach Deutschland. Schließlich kam er mit Sefs Hilfe in Köln unter, wo er nach Jahren dann starb. Begraben ist er bei Sef in Ehreshofen. Auch ihm hatte die Politik einen geraden und erfolgreichen Weg verbaut.

Mit einem Mädchen wurde die Kinderreihe abgeschlossen. Die jüngste war Juliane, genannt „Julie", (geb.22.02.1919), unsere tapfere Informantin. Die Kindheit verlief in den bekannten, eingefahrenen Geleisen. Oft hielt sie sich in der Wohnung in Brünn auf. Vor Kriegsausbruch hatte sie es, um Abitur zu machen, nach Hamburg verschlagen. Als das Schwesternhaus, das sie beherbergte, geschlossen werden mußte, kam sie privat unter. Nach bestandenem (Not?)-Abitur ging sie zurück nach Hajarn. In der Zeit kam öfters Joschi Deym aus Nemischl zu Besuch. Er war gerne gesehen. Julie wollte dann in Prag Medizin studieren. Da sie aber nur deutsche Zeugnisse vorlegen konnte, wurde sie abgewiesen(??). Das Kriegsende erlebte sie bei ihrer Schwester Sef in München. Auch dort hätte sie gerne Medizin studiert.

In den Folgejahren lernte sie Axel von Vopelius-Feldt kennen. Als Offizier kam er unbeschadet aus dem Krieg zurück. Gut qualifiziert fand er bald eine lukrative Anstellung in einem soliden Konzern.

Nach nicht ganz leichtem Start und reichem Kindersegen begannen die Früchte der Aufbaujahre zu reifen. In den 50er Jahren, kann ich mich erinnern, kam Julie einmal für längere Zeit mit den Kindern in den Ferien nach Arnstorf. Sie wirkte recht strapaziert und unglücklich. Stundenlang saß sie an unserer „Fußballwiese" und sah uns zu. Ich war ganz stolz, dass wir so viel Aufmerksamkeit erhielten. In München war dann der Erwerb eines schönen Häuschens mit Garten gelungen. Mit im Haushalt lebte noch lange die alte „Datti", ein treues „Mitbringsel" aus der alten Heimat. Mit den zahlreichen Kindern waren wir z.T. recht befreundet und sehen sie heute noch. Bei dem jüngsten Sohn Franz und dessen Frau und zwei Enkelkindern verbringt in München Julie heute ihren schon mühsam gewordenen Lebensabend. Ihre ausgeprägte Frömmigkeit und reichlich Erfahrung helfen ihr ohne zu jammern, die Lasten des Alltags anzunehmen. Es freut sie sichtlich, trotz aller Verluste, an Heimat und Jugend zurückzudenken. Mit ihr endet zunächst ein Kapitel der Geschichte der Familie Deym in Böhmen, Mähren und Schlesien

Die lll. (böhmische) Linie Nemysl wird Anfang des 20.Jahrhunderts von Josef Deym Graf von Střítež (1906-1973) angeführt. Er ist in Wien geboren und gestorben. Das ist ein Indiz dafür, dass auch dieser tschechische Zweig sich politisch und gesellschaftlich stark nach Österreich orientiert hatte. Seine Ehen waren nicht sehr glücklich. Zumindest hatte er mit seiner ersten Frau, einer Belgierin, drei und mit der zweiten Frau zwei Kinder.
Maria Laura ist 1930 in Prag geboren und seit 1951 mit einem belgischen Baron und Rechtsanwalt in Brüssel verheiratet.
Ihr Zwillingsbruder Ivan ist Dr. jur. und hat 1965 in Argentinien die sehr vermögende Tochter eines Großgrundbesitzers und Architekten geheiratet. Auf der Hochzeit meines Neffen Max Deym mit Veronika Schaffgotsch 1996 in Niederleis war er mit seiner Frau zu Gast und wurde reichlich bestaunt. Seinen Besitz in Nemischl konnte er restituieren, aber nicht aus der Ferne verwalten, zumal seine Besitzungen in Argentinien unvergleichlich größer sind.

In den frühen Jahren des zweiten Jahrtausends hab ich mir das schon sehr heruntergekommene Schloss in Nemischl verschiedentlich angeschaut und auch schon einen Verwalter ausfindig gemacht, aber keine weiteren Recherchen mehr unternommen, weil der Besitz etwa 2010 veräußert wurde. Schade, dass nicht einer der beiden Söhne von Ivan die Tradition wiederaufnehmen konnte.

Schwester Jana, geb.1933, hat wie ihre Schwester, nach Brüssel geheiratet. Aus zweiter Ehe stammen die Halbgeschwister Josef, geb. 1942 in Prag, wie Ivan in Argentinien bestens verheiratet und mit vier Kindern, drei Buben und einem Mädchen, gesegnet. Sie haben ebenfalls einen Großgrundbesitz und leben in Buenos Aires.

Die Schwester Ludmilla, genannt Tiny, ist noch 1944 in Tabor geboren. Sie war in den 60/70er Jahren einmal aus Wien zu Besuch in Arnstorf. 1974 hat sie in Spanien geheiratet und wohnt in Barcelona.
So lebt die Linie Nemischl in Südamerika weiter und hat den Bruch mit Böhmen vollzogen, während die Linie Arnau noch einen Verbindungsfaden in die alte Heimat in den Händen hält.

Der Versuch eines neuen Engagements als Brückenbauer nach Südböhmen

Mit Vertreibung, Verlust und Verkauf der Besitzungen der letzten "böhmischen" Deyms aus Hajarn und Nemyschl nach dem 2.Weltkrieg, obwohl sie sich bei der Volksbefragung 1939 überwiegend als Tschechen bezeichnet hatten, war die rund 500- jährige Tradition der Familie Deym in Böhmen gerissen.

In Bayern, wohin es ein Familienmitglied in jungen Jahren mit seiner verwitweten Mutter verschlagen hatte, wurde Anfang des 19.Jahrhunderts eine neue, "bayrische" Linie begründet.
In Arnstorf (Niederbayern) traten die Deyms durch Heirat das Erbe der „mittelalterlichen" Familie der Freiherrn von Closen an und übernahmen deren Besitz, Hofmarken und die Funktion eines Reichsrates der Krone Bayerns. Auch das ist jetzt schon 200 Jahre her. Dieser Familienzweig war so mit neuer Heimat, Landwirtschaft, Familie und gutem Verhältnis zu den „Einheimischen" beschäftigt, dass die böhmische Vergangenheit fast zur Sage und der Beiname Střítež zum befremdlichen Zungenbrecher wurde. Der besonders bayrische Anstrich der Familie läßt verschiedene Interpretationen zu. Entweder war sie bemüht, den „Migrationshintergrund" schnell zu verwischen, oder sie war besonders anpassungs- und integrationsfähig. Und doch schlummerte die Erinnerung an eine slawische Seele, bis sie von Begegnungen und Ereignissen wachgeküßt wurde.

In den 70er Jahren fuhr ich mit einer Tante nach Gablonz, um (angeheiratete) Verwandte zu besuchen und zu unterstützen. Ihre verheerenden Lebensbedingungen haben mich ebenso beeindruckt wie der heruntergekommene Glanz und die in Widersprüchen von den Kommunisten weitergetragene Geschichte, in die ich bei einem Besuch mit meiner Frau ein paar Jahre später in Prag eintauchte. Der verkommene Glanz, die Landschaft und ein gewisses böhmisches Etwas mit praktischer Lebenskunst, haben mich gereizt. Bei vielen Zelturlauben im kommunistischen Jugoslawien fand ich eine vergleichbare Art und Stimmung, mit der ich trotz aller Schwächen und Schäden zurechtkam.

Es war das Jahr 1998. Ich musste ein paar Tage Urlaub nehmen und ließ mich von meiner angeheirateten böhmischen „Excousine", Ilona Deym, nochmals nach Böhmen fahren. Diesmal wollte ich mich mit unseren Wurzeln rational auseinandersetzen und den Ursprungsort der Familie aufsuchen. Die Verwandten zu Hause hielten ihn für unauffindbar, wogegen ich den Angaben im „Gotha" vertraute und ihn in Střítež, in der Nähe des heutigen Mühlhausen/Milevsko in Südböhmen, vermutete. Bei Kartenstudium vor Ort war die Vielzahl der Orte mit dem Namen Střítež tatsächlich verwirrend und verwunderlich. Auf dem Weg nach Norden kamen wir anlässlich einer Mittagspause nach Neuhaus/Jindrichuv Hradec. Dort fingen wir Straßeneindrücke ein. Der erste war menschlich sehr nahegehend. Ein Mann zog seine alte und schwache Frau in einem Leiterwagen hinter sich her. Der zweite war persönlich schicksalhaft. In einem Immobilienschaufenster hing ein Foto von einer Schloßfront. Die Proportionen von drei miteinander verbundenen Baukörpern, der einmalige Baustil mit verglasten Arkaden der zwei Geschosse und der „zuwendungsbedürftige" Zustand faszinierten mich. Als Ortsangabe war „Dražič" angegeben. Ich wollte es mir ansehen, wenn unsere Route es erlauben würde. Sie tat es. In Bechyne stand auf einem Wegweiser „Dražič 8km". Der Augenschein des Schlosses in Dražič tat ein Übriges. Den Rest gab mir der Bürgermeister, bei dem der Schlüssel zu holen war. Er sagte: "Sie schickt der Himmel, das Schloss steht schon seit 7 Jahren zum Verkauf, retten sie es und helfen uns in der Gemeinde". Umso mehr Vernunft ich dieser spontanen Liebe hinzufügte, umso deutlicher erkannte ich, dass hier eine kluge Bestimmung zugrunde lag.

Die familiären Wurzeln, die vor der Türe stehende Europäische Wiedervereinigung, mein sozialpolitisches Engagement, die entsprechenden Beziehungen, die bevorstehende Pensionierung und nicht zuletzt die Begeisterung, diesem romantischen Gemäuer einen neuen Geist einzuhauchen, ergaben den Entschluss, sich der Aufgabe zu stellen. So kam es nach Beratungen mit meinem Sohn im Herbst 1998 zur Verbriefung.

Foto : Grenzöffnung 2004 mit Prominenz (FRG-Landrat Muthmann, Bezirkshauptmann Südböhmen Zaradnik, heutiger bay. Heimatminister Söder, bay. Ministerpräsident a.D. Beckstein, heutiger Staatspräsident CZ Zeman)

Mit der Gemeinde gründete ich eine s.r.o.(GmbH), verleibte ihr das Schloss mit einem Restbesitz von 60ha Felder und Wiesen ein und nannte das Haus wegen des beabsichtigten Verwendungszwecks „Jugendschloß Dražič".

Ein neues Engagement in Böhmen nahm seinen Anfang. Interessiert verfolgte es auch mein Bruder Michael, der sich bei Karlsbad etwas gekauft hatte, dort Geschäfte macht und dort jagt..
Als Festung wurde der erste Teil des Hauses angeblich im Jahr 1600 errichtet von Jan Svatkovski von Dobrehost (Hans Svatkovski von Gutgast). Dražič soll der drittälteste Ort im ehemaligen Kreis Pisek sein. Die Gemeinde besteht aus fünf Ortschaften mit ca. 300 Einwohnern. Zur Moldau sind es gut 2km. Nach der Schlacht am Weißen Berg (1620) wurde ein Drittel des Gutes konfisziert, so dass es verkauft werden musste. Dražič ging im Lauf der Geschichte durch viele Hände. Die Familie Deym besaß es nie, war aber z.B. mit der Familie Pötting, die es eine Zeit lang besaß, verwandt. 1729 wurde Dražič an Baron Tham vekauft. In den darauffolgenden Jahren erfuhr es seinen Höhepunkt mit barockem Anbau und einer sehenswerten Nikolauskapelle. Der Wunsch, hier und im Gasthaus einmal Patrozinium zu feiern, sollte sich bald erfüllen. Nikolaus ist auch der Patron der Diözese Budweis. Aus dem vormaligen Terrassengarten mit einer Orangerie aus der Barockzeit ist nach 1945 eine Apfelplantage mit über 700 Bäumen geworden.1802 wurde Dražič wieder verkauft und kam nach zwei weiteren Besitzern 1806 als Allodialgut an die Fürsten Paar im benachbarten Bechyne. 1924 fiel es in der 1.Republik der Bodenreform zum Opfer. Der Verwalter Svoboda bekam es. Er wurde von den Kommunisten wieder enteignet. 1992 konnten es die beiden Töchter von Svoboda restituieren. Bis 1998 nutzte das Gebäude die Gemeindeverwaltung und die LPG. Der Zustand war jämmerlich, bis auf die Gemeinderäume war alles heruntergekommen.

Meine erste Phase in Dražič war einerseits von Aufräumarbeiten (allein Dreck und Unrat selektierten vermutlich Kaufinteressenten) und ersten Sofortmaßnahmen als auch von Sondierungs- und vertrauensbildenden Maßnahmen bezüglich des Umfeldes bestimmt. So tat auch hier – wie in ähnlich gelagerten Fällen - das vermittelte Feuerwehrauto der Firma Mercedes doppelte Dienste. Auch profitierte ich sichtlich von meinem tschechischen Namen und der Tatsache, dass ich kein Sudetendeutscher war. Wohlgesonnene Helfer sind noch heute meine unerlässlichen Stützen. In der zweiten Phase mussten Verwendungszweck und die Sanierungsarbeiten präzisiert werden. Sofort einen Träger für einen sozialen Zweck des Hauses zu finden, misslang. So war ich auf mich selber angewiesen und konzentrierte mich auf meine damalige Berufswelt. Ich entschied mich, eine Jugendbegegnungs- und Bildungsstätte aus dem alten Gemäuer zu machen. Das Besondere dabei sollte sein, dass Jugendliche aus dem Bereich der Jugendsozialarbeit, im Rahmen von handwerklichen Auslands-Einsätzen, die meisten Sanierungsarbeiten selber leisten, natürlich unter Anleitung von Meistern und in Begleitung von pädagogischem Fachpersonal. Ich hatte das Glück, dass ich damit die politische Welle traf und in entsprechende, maßnahmenbezogene Förderprogramme rutschte. Unsere GmbH war dabei nicht der Antragsteller, wir waren nur die „aufnehmende Stelle". So bekamen wir keine institutionelle Förderung, sondern profitierten nur von den durchgeführten Maßnahmen. Ich versuchte immer selber präsent zu sein, wenn eine Gruppe für ein bis drei Wochen im und ums Haus werkelte. Da war ich dann Brückenbauer, Bauherr, Referent, Bezugsperson und Hausmeister in einem. Viele Gruppen kamen aus Nordrhein-Westfalen, andere aus Bayern, Baden-Württemberg, Hessen und Sachsen. Sie waren sehr unterschiedlich und mal mehr, mal weniger mühsam. Zum Teil haben sie hervorragende Arbeiten abgeliefert, zum Teil musste man Abstriche machen, kaum eine war fehl am Platz.

Das Selbstversorgerhaus sollte Selbstverantwortung und Mitverantwortung der Jugendlichen stärken und Vorbildfunktion übernehmen. Gerade hier zeigten sich viele Schwächen und Fehlhaltungen der Jugendlichen. Insgesamt wurde evident, dass für die Zielgruppe der sozialschwachen Jugendlichen, nach Abschaffung sozialpädagogisch begleiteter Internatsunterbringung, derartige Praxiseinsätze in der Gruppe ein hervorragendes „Hilfsmittel" sind. Hierzu haben wir auch Konzepte entwickelt und sie propagiert.
Praktisch und theoretisch habe ich mich, ausgehend von unserem Stützpunkt in Dražič, unseren Erfahrungen und unserem Anliegen, grenzüberschreitend an einer positiven Entwicklung in der Übergangsphase und auf dem Weg nach Europa mitzuwirken, auch in die jeweilige Verwaltung und Politik mit Schwerpunkt „Jugend und Bildung" eingemischt und Kooperation mit deutschen Institutionen und

Einrichtungen vor allem zur Berufsvorbereitung und Qualifizierung benachteiligter Jugendlicher propagiert und vermittelt.
Da die berufliche Bildung in Böhmen noch weitgehend bei der Schule liegt, geht hier die Entwicklung recht langsam voran. Eine notwendige Reform in Richtung „Duale Bildung" zeichnet sich ab, wie den Berufsschwachen geholfen werden soll, weniger. So veranstalteten wir 2013 eine grenzübergreifende Fachtagung zum Thema „Jugendberufshilfe" bei der eine „Dražičer-Erklärung" verabschiedet wurde. Im Oktober 2014 sollte zu der Thematik eine zweite Veranstaltung stattfinden.

Anfangs versuchte ich durch „Europäische Jugendfestivals" Dražič zu einem Jugendzentrum zu machen. Die falschen Helfer vor Ort und der ausschließliche Spaß an Lautstärke und Alkohol bei den Jugendlichen ließen mich diese Versuche nach dem vierten Mal einstellen.
Keinen Erfolg hatte auf Anhieb der Versuch, die Denkmalpflege im Hinblick auf die unzähligen kleinen Kulturschätze auf dem Land, durch grenzüberschreitende Gemeinsamkeit zu verstärken. Selber kam ich mit dem regionalen Denkmalamt immer besser aus. Heute bekomme ich auch immer wieder kleine Beihilfen. Ein in Pisek gegründeter Verein zur deutsch-tschechischen Zusammenarbeit, der auch eine Art Förderverein für die Arbeit in Dražič sein sollte, ging durch Unvereinbarkeiten wieder ein.

Erfolgreich war die Vermittlung zwischen den bayrischen und böhmischen Jagdverbänden. Sie führen mittlerweile ein gemeinsames europäisches Programm durch. Mir wurde bezüglich dieser Zusammenführung das „Bronzene Eichenlaub des BLV" verliehen. Zu einem Teilerfolg führte auch das Bemühen, die Verantwortlichen für Landwirtschaft verstärkt zusammenzubringen. Jetzt, wo das politische Eis zwischen Bayern und Böhmen, dank neuer politischer Ära, geschmolzen ist und die Ausweitung der Beziehungen zu Tschechien in der Regierungserklärung festgehalten ist, ist darauf zu hoffen, bzw. zu drängen, dass sich die Fachminister auf eine gemeinsame Agenda verständigen. Bisher gelang es nur, den Europareferent des bayerischen Landwirtschaftsministeriums mit einem Kreis von Fachleuten, sowie die Kreisgruppe eines niederbayerischen Bauernverbandes zu

Exkursionen nach Südböhmen zu locken. Viel Kooperationsbedarf besteht auch im Bereich Soziales, Ökologie und Umweltschutz. Im Sinne eines Europa der Regionen steht die Unterstützung und die Umsetzung der „Europaregion - Donau- Moldau" (EDM) mit allen Lebensbereichen, nicht nur mit ökonomischen, weit oben an. Hier soll versucht werden, die urbanen Zentren München, Regensburg, Nürnberg, Pilsen, Prag, Wien durch die strukturelle Verbesserung des ländlichen Zwischenlandes zu ergänzen und vor Abwanderung zu schützen. Viele Konzepte haben hierzu Handel, Gewerbe, Tourismus und Verkehrswege im Auge. Was fehlt, sind die sozialen und kulturellen Bereiche, um die menschliche Lebensqualität zu sichern. Selber bin ich seit kurzem Mitglied in der „Wissensplattform" Qualifizierung von Arbeitskräften…" Insgesamt muß regional versucht werden, Modelle einer Bürgergesellschaft umzusetzen, und nicht nur zu propagieren und öffentliche Mittel zu fordern. Die Initiative „Gemeinsam Leben„ in Passau, oder der Verein BEA(Bargeldloser-Energie-Austausch) im Landkreis Dingolfing/Landau geben hierzu gute Anstöße. Gemeinsinn und soziale Mitverantwortung bedürfen in Böhmen besonderer Förderung. Auch die offiziellen Träger der Wohlfahrtspflege haben ihre Möglichkeiten grenzüberschreitender Kooperation noch nicht „ausgereizt". Die allgemeine Entschuldigungs-argumentation in Europa, „das Hemd ist näher als der Rock" bzw." wir haben so viele interne Probleme", greift langfristig zu kurz.

Um so mehr macht es dem Landes-Caritasverband Bayern Ehre, daß er es auf Anregung fertigbrachte, alle Caritasdirektoren der genannten Europaregion aus Bayern, Österreich und Böhmen an einen Tisch zu holen und erste Konzepte für eine Zusammenarbeit zu entwickeln. Hoffentlich hat er die Kraft, die vorgenommenen Ziele auch durchzuhalten. Hier geht es auch darum, die Kräfte der Kirchen insgesamt zu bündeln und ihre Potenz mit den Brüdern in Böhmen, die große Schwierigkeiten haben, zu verbinden. Ein erster Schritt war Anfang 2013 eine Bayerische Bischofskonferenz in Waldsassen, zu der auch böhmische Amtskollegen eingeladen waren und wo eine regelmäßige Zusammenarbeit beschlossen wurde. Es folgte ein Besuch in Prag und gemeinsame Präsenz am Katholikentag 2014 in Regensburg mit dem Motto „Mit Christus Brücken bauen". Vielleicht

hatte ein an die Bayerische Bischofskonferenz gerichtetes Memorandum doch seine Wirkung.
Hoffnung gibt auch der neue Bischof in Passau und eine glückliche Neubesetzung in Budweis. Schritte der Tschechen auf uns zu sind rar, aber wenn sie stattfinden – wie gerade ein Besuch der persönlichen Referentin des tschechischen Kulturministers- umso erfreulicher.

Das meist Beeindruckende war die Einladung traditioneller Organisationen in Prag anläßlich des 7oo-jährigen Krönungsjubiläums von Jan von Luxemburg mit der letzten Przemyslidin zu Feierlichkeiten in den Veitsdom und ins Erzbischöfliche Palais. Eingeladen waren alle Nachkommen, deren Familien namentlich aufgeführt waren. In meiner Funktion als Vizepräsident der Genossenschaft kath. Edelleute in Bayern gelang es mir, diese Veranstaltung zu unterstützen und ein paar unserer geladenen Mitglieder zu den Festivitäten zu vermitteln. Dieser Blick auf historische Rückbesinnung und deren zeremonielle Interpretation in Tschechien, sowie auf die Befindlichkeit des böhmischen Adels, war sehr bewegend.

Die Mitarbeit an der weiteren Entwicklung in Böhmen bedarf auch einer internen, themenbezogenen Mit-und Zusammenarbeit der Vielzahl von Organisationen in Deutschland, deren Blick nach Süd-Osteuropa gerichtet ist. Die notwendige Kooperation zwischen den Verbänden und der Versuch jenseits der Grenze Partner zu finden reicht von Paneuropa, Europaunion, Union für gute Zusammenarbeit, deutsch-tschechischer Freundeskreis, Dreiländer Gesellschaft, Deutsch-Tschechisch-Slowakische Gesellschaft, Bischofskonferenz, Renovabis, Caritas, Ackermanngemeinde, Hanns-Seidel-Stiftung, Sudetendeutsche Landsmannschaft, Heimatkreisen, Böhmerwaldverein …bis zu regionalen Stammtischen. Eine Hilfe dazu wäre in Niederbayern oder Südböhmen ein gemeinsames bayerisches - böhmisches Zentrum wie das „Bavaria-Bohemia" in Schönsee in der Oberpfalz.

Um eine Bewegung in Gang zu setzen und die Bürger vor allem in Grenznähe zu verbinden, wäre die Einrichtung eines Chatrooms ein wichtiger Schritt. Wünschenswert wäre, dass die Bevölkerung auch darüber festgefahrene Meinungen durch Meinungsaustausch, persönliche Kontakte, Augenschein und private Begegnungen objektiviert und dass es Zugpferde für die Umsetzung der Gemeinsamkeit in Europa unterhalb von Politikern und Beamten gibt.

Auch der Tourismus ist gefordert, stärkere Beiträge zu Begegnung und Information zu liefern. Im Rahmen meiner Möglichkeiten organisiere ich auch Exkursionen und Busfahrten, bei denen Dražič meist als Ziel- und Wendepunkt eingebaut ist. Darunter waren auch Begegnungen, die im Rahmen der Genossenschaft kath. Edelleute organisiert waren so z.B. ein Treffen mit Fürst Schwarzenberg auf Schloß Orlik oder eine Radeltour mit Jugendlichen durch Südböhmen.

Auf beiden Seiten der Grenze „daheim" zu sein, ist die beste Voraussetzung für Vermittlungsarbeit. Obwohl ich für Dražič eine Daueraufenthaltsgenehmigung habe, ein tschechisches Kfz-Nummernschild benütze und viel drüben bin, sieht mich Bayern öfters. Wenn ich in Böhmen bin, logiere ich, um den Verwendungszweck des Schlosses nicht zu verwässern, in einem Nebengebäude.

Ich freue mich über die Erfolge und die Anerkennung, die mein Versuch eines neuen Engagements in und für Böhmen findet. Die Verleihung des „Brückenbauerpreises 2011" des Centrums Bavaria-Bohemia in Schönsee und das „Goldene Herz für Europa" des Freundeskreises deutsch-tschechischer Verständigung in Ellenbogen/Locket geben mir Mut zur Weiterarbeit und bewegen vielleicht andere, Nachbarschaft noch besser zu pflegen und an vorhandene Bezüge bzw. Geschichte anzuknüpfen.

Aus heutiger Sicht ist zu hoffen, daß das Jugendschloß Dražič ein Brückenkopf bleibt, zumindest für ein paar Jahre an die frühere Präsenz der Familie anknüpft und einen Beitrag zu einer guten Zukunft des Landes leistet. Ein neuer Stammsitz kann es wohl nicht mehr werden. Näheres auch unter: www.schloss-drazic.eu

Überblick der Besitzungen der Familie Deym in Böhmen und Mähren

Foto 2007   Cimelice   Kr. Písek   Deym   1534 - 1623

Foto 2008 Vyklantice Kr. Pelhrimov Deym   1738 - 1763

Foto 2007   Nadejkov   Kr. Tábor   Deym 1730 - 1753

Foto 2004   Nové Zámky   Kr. Trutnov   Deym 1799 - 1920

Foto 2007   Kamenná Lhota   Kr. Tábor   Deym 1784 - 1805

Foto 2008   Oblajovice   Kr. Tábor   Deym 1690 - 1726

Foto 2000   NemyšlKr. Tábor   Deym 1822 - 2010

Foto 2003   Drhovle   Kr. Písek   Deym 1630 - 1696

Foto 2008　　Pluhuv Ždár　Kr. Jindrichuv Hradec　　Deym
1717 - 1756

Foto 2007　　Rakovice　　Kr. Písek　　Deym　1532 - 1647

Foto 2007   Horni Stankov Kr. Klatovy?   Deym   1699 - 1758

Foto 2007   Cerhonice   Kr. Písek   Deym   1541 – 1623

Foto 2008   Liboun Kr. Benešov   Deym   1724 - 1730

Foto 2003 Cížová   Kr. Písek   Deym   1560 - 1726

Foto 2008   Ratmeřice   Kr. Benešov   Deym   1743 - 1750

Foto 2004   Vež   Kr. Havlíčkuv Brod   Deym   1733 - 1762

Foto 2008   Vlceves   Kr. Tábor   Deym   1722 - 1752

Foto 2004   Ceska Belá   Kr. Havlíckuv Brod

Foto 2008   Jankov Kr. Benešov   Deym   1724 - 1730

Foto 2007   Vojnice   Kr. Strakonice Deym   1729 - 1756

Foto 2004　　Staré Buký　　Kr. Trutnov　　Deym　1803 - 1832

Foto 2008　　Naceradec　　Kr. Benešov　　Deym　1723 - 1730

Foto 2007　　　Dolní Nerestce Kr. Písek　　　Deym　1597 – 1663

Foto 2008　　　Vodice Kr. Tábor　　　Deym　1732 - 1812

Foto 2007　　Milonovice　　Kr. Strakonice　Deym　1589 - 1623

Postkarte　　Dražíc Kr. Písek　　Deym　1998 - jetzt

Foto   Hajany Kr. Brno-venkov   Deym   1902 - jetzt

Foto 2008   Vyšetice   Kr. Tábor   Deym   1690 - 1740

Foto 2012   Liblice Kr. Melnik   Deym 1845 - 1863

Foto 2010   Lojovice   Kr. Prag-Východ   Deym 1831 - 1834

Foto 2010   Mlazovy   Kr. Klatovy   Deym   1820 - 1852

Foto 2010   Brloh   Kr. Písek   Deym   1633 - 1696

Foto 2012   Létiny Kr. Plzen-jih   Deym   1712 - 1717

Foto 2010   Rohanov   Kr. Prahatice Deym   1710 - 1756

Foto 2012   Zalužany   Kr. Príbram   Deym   1715 - 1727

Foto 2010   Dolní Lukavice   Kr. Plzen-jih   Deym   1712-1717

Foto 2010　　　Pauten　　　Kr. Cheb　　　Deym 1843 - 1865

Foto 2009　　　Stary Jicin　　Kr. Nový Jicin　　　Deym 1912 - 1945

Foto 2011   Harrach-Palais   Prag   Deym   1715 - 1918

Foto 2011   Deym-Palais   Prag   Deym   1721 - 1768

Familienstammtafel des bayerischen Zweiges der Familie Deym

11. Generation :
JOH. gen. JOSEPH Gf.v.Deym, Frh.v.Střítež & M.Josepha
Gfn.v.Königsfeld
1788-1861, Arnstorf   (Ur-Ur-Urgroßvater d.Autors)

10. Generation :
Joh. Nepomuk Gf.v.Deym, Frh.v.Střítež & M.Magdalena
Frn.v.Olnhausen-Örding
1743-1798, Vyclantice

9. Generation :
Adaukt (Pribik) Wilhel Gf.v.Deym, Frh.v.Střítež&Rosalia Woracziczki,
Frn.v. Pabis
1699-1761,Vyclantice und and.

8. Generation :
Wenzel Ignaz Gf.v.Střítež & M.Rosa Frn.v.Vernier de Rougement
1669-1747,Cizova und and.,´(Stammvater aller späterer Namensträger)

7. Generation :
Wilhelm Joh.Deym v.Střítež & Anna Ludmilla Frn.v.Ugezd
 1635-1663, Cizova und and.

6. Generation :
Nikolaus d.J.Deym v.Střítež & Elisabeth Wratislaw v. Mitrowitz
1601-1650, Cizova und and.

5. Generation :
Johann d.J.Deym v.Střítež & Katharina Kalenicky v. Kalenic
1575-1630, Cizova und and.

4. Generation :
Nikolaus d.Ält. Deym v.Střítež & Helena Hodiegowski v.Hodiegow
gest.nach 1602, seit 1585 auf Cizova

3. Generation :
Joh.d.Ält. Deym v.Střítež & Ursula Genischek v.Ugezd
gest.nach 1572, seit 1560 auf Cizova, 1572 bei den Rittern gen.

2. Generation :
Nikolaus (Miklas) Deym v.Střítež & Anna Vrabsky v.Vrabe
 gest.vor 1543, Cizova und and. 1534 bei den Rittern gen.

1. Generation :
Johann(Jan) Deym & Margarete (Smrcka) von Mnich
genannt 1459 in der Hoflehntafel, Střítež bis cirka 1469 existent

Frühe urkundliche Erwähnungen:
Benes u.Mrakes v.Střítež unterschreiben
1415 die Protestnote geg,d,Verbrennung von Jan Hus in Konstanz
Ulrikus dictus Dym , gilt als Stammvater, 1385 als Oheim u.Vormund
v.Bohunko de Strzietezie gen.
Ritter Bohunko de Strzieteie 1280 als Zeuge genannt.

Quellen, Literatur, Archive

Manfred Alexander, „Kleine Geschichte der böhmischen Länder", Stuttgart, 2008

Hadumod Bußmann, „ Ich habe mich vor nichts gefürchtet" Therese Pr.v.By. Berlin 2014

Gotha XIX, 1982, S. 84 ff
Gotha XXVII, 2008, S.129 ff

Gabriele Hartwanger, " Die Lust an der Illusion über den Reiz der Scheinkunst des Grafen Deym, der sich Müller nannte".Wien, 2008

Paul Jaresch," Die Familie Deym in Vodice", Cetoras, 2009

Markus Mauritz, „ Tschechien", Regensburg, 2002

Ralph Melville, „Adel und Revolution in Böhmen", Mainz, 1998

Bohumil Rericha, Tschech.Vorsitzd. des dt.-tschech. Freundeskreises, Landeszeitung Aug.14

Helene Sebastany, 1987, aus Deym-Buch in der Österr. Nat. Bibl.Nr.1040.223- c, Wien

Nives Gräfin Soden, „Spezialedition Deym von Střítež", Reichstorf, 2003

Der sogenannte „Wurzbacher", das biographische Lexikon des Österreichischen Kaisertums

Staatsarchiv Jindrichuv Hradec

Prager Zeitung, Landeszeitung der Deutschen in Böhmen, Mähren und Schlesien

Buchempfehlung

Folgendes Buch ist bereits im Buchhandel erschienen :

ISBN : 3-930648-53-9 bei Eichendorff-Verlag

Zum Geleit

Im engeren Sinne des Wortes ist das vorhandene Büchlein ein Blick auf die Geschichte einer adeligen Familie, die im mitteleuropäischen Raum seit Jahrhunderten lebte und ihre Aktivitäten entwickelte. Im breiteren Sinne widerspiegelt es die bayerisch-böhmischen (und später bayerisch-tschechischen) Beziehungen so, wie diese der Autor durch die Optik des Lebens seiner Familie im historischen, kulturellen, und auch im politischen Kontext wahrgenommen hat.

Diese vom Leopold Graf von Deym realisierte Suche nach Wurzeln seines Adelsgeschlechts ist zugleich ein aufregender, gegen die Zeitachse unternommener Ausflug, von heute bis tief in die mittelalterlichen Zeiten, wo seine Vorfahren die ersten Spuren in Landschaft und Archiven hinterlassen haben.

Aus dem Büchlein geht hervor, dass die Angehörigen der von-Deym-Familie immer an dem öffentlichen Leben aktiv und breit teilgenommen haben, egal ob in Böhmen oder Bayern, und stets waren bemüht, das soziale, wirtschaftliche, und politische Geschehen mitzugestalten. Ihr Leben und Wirken ist ein fester Bestandteil Mitteleuropas und gehört untrennbar der bayerisch-böhmischen Nachbarsgeschichte an.

Josef Hlobil
Generalkonsul der Tschechischen Republik in München

Foto : Leopold Graf Deym mit Generalkonsul Josef Hlobil